FRANZ VON ASSISI
UND SEINE WELT

Franz von Assisi und seine Welt

Mark Galli

*Aus dem Englischen
übersetzt von
Bernardin Schellenberger*

HERDER

FREIBURG · BASEL · WIEN

Für Barbara, die viele Züge von Franziskus an sich hat.

Die *Weihnachts-feier* in Greccio, von Giotto di Bondone. In Wirklichkeit war sie viel schlichter als auf dieser Darstellung.

***Vorige Seiten:* Franziskus in Ekstase,** von Giotto di Bondone, Inbegriff der lebenslangen innigen Christusbeziehung des Heiligen.

Erste Seite: Franziskus-Porträt aus der Bilderreihe des Maestro di San Francesco in San Francesco al Prato, Perugia; ca. 1262, also nur 30 Jahre nach seinem Tod gemalt.

Text-Copyright: © 2002 Mark Galli

Die Originalausgabe erschien auf Englisch unter dem Titel *Francis of Assisi and His World* bei Lion Publishing plc, Oxford, England

© Lion Publishing plc 2002

Alle Rechte der deutschsprachigen Ausgabe vorbehalten
© Verlag Herder Freiburg im Breisgau 2008
www.herder.de

Redaktion: Gundula Kühneweg

Umschlaggestaltung: Finken & Bumiller, Stuttgart

Satzeinrichtung der deutschsprachigen Ausgabe:
Layoutsatz Kendlinger

Printed in China
ISBN 978-3-451-32101-6

Inhalt

Einführung

Die Felder unterhalb Assisis, durch die Franziskus oft wanderte, besonders während seiner Bekehrung.

Franziskus erfreut sich hoher Beliebtheit. Was er vorgelebt hat, gilt auch heute noch als höchst aktuell. Er ist der Patronatsheilige der Ökologie und wird als ein vorbildlicher Friedensstifter geschätzt. Bei den vielen Versuchen, Franziskus als für unser Zeitalter besonders wichtig herauszustellen, ist leider aus dem Mann, der da hoch geschätzt wird, eine Gestalt gewor-

den, die nur wie ein ganz entfernter Verwandter des wirklichen Franziskus aussieht.

Franziskus interessierte sich nicht in dem Sinn für Ökologie und Friedenstiften, wie wir beides heute verstehen. Und wenn er in dieser Hinsicht etwas tat, hatte er nicht unsere heutigen Gründe dafür. Seine Beweggründe waren mittelalterlich. Das kann für heutige Menschen ein Problem sein: Denn wer heutzutage eine Vorstellung oder Praxis unmöglich findet, pflegt sie als „mittelalterlich" zu bezeichnen, worunter fast jeder versteht: Das macht heute keinen Sinn mehr. Überraschen-

derweise sind es genau jene „mittelalterlichen" Beweggründe des Franziskus, die seine Ausstrahlung bis heute lebendig halten und ihm eine Bedeutung für unsere Gegenwart verleihen.

Das vorliegende Buch ist von daher ein Versuch, den mittelalterlichen Franziskus in unsere heutige Zeit zu versetzen. Der Blick fällt dabei zunächst jedoch in die Vergangenheit. Ziel ist nicht, ausführlich aufzuzeigen, in welchen Punkten verschiedene Franziskusforscher unterschiedlicher Meinung und welche Einzelheiten bei den Historikern umstritten sind. Man wird beim Lesen merken, dass die entsprechende Literatur einbezogen wurde. Jedoch sollen die wissenschaftlichen Erkenntnisse dazu dienen, die Geschichte des Franziskus prägnant und ansprechend zu erzählen.

Leider verbleiben sehr viele Franziskusbiografien in wissenschaftlichen Erörterungen. Andere erzählen seine Geschichte ohne jede historische Distanz, sodass Franziskus schließlich recht weltfremd scheint. Deshalb versuche ich, seine Geschichte flüssig zu erzählen und verwende dabei (in der Regel nicht ausdrücklich) die besten verfügbaren wissenschaftlichen Erkenntnisse, um die Gestalt von Franziskus wirklichkeitsgetreu mit Leben zu füllen.

Ferner handelt dieses Buch vom gesellschaftlichen Umfeld des Franz von Assisi. Es ist jedoch keine Sozialgeschichte oder gar eine umfassende Darstellung seiner Umwelt. Vielmehr liegt mir daran, das Interesse der Leser zu wecken, sich weiter in die Welt des Mittelalters zu vertiefen.

Im Verlauf dieses Buches soll den Lesern ein tieferes Verständnis dafür erschlossen werden, wer Franziskus wirklich war und warum er so lehrte und handelte, wie er es tat – und zwar als mittelalterlicher Mensch in einer mittelalterlichen Welt. Erst aus dieser Perspektive ist seine Bedeutung für uns heute zu verstehen. Und für den Fall, dass ich das im Lauf meiner Erzählung noch nicht deutlich genug herausarbeiten konnte, habe ich meine Schlussfolgerungen im 13. Kapitel noch einmal zusammengefasst.

Wie gesagt: Mir haben viele Bücher geholfen, mich in Franziskus und seine Welt einzuarbeiten. Am hilfreichsten waren mir Omer Engleberts Klassiker *St Francis of Assisi: A Biography* (1965) und das neuere Buch *Francis of Assisi: A Revolutionary Life* (2001) von Adrian House. Alle, die diese Bücher kennen, werden unschwer merken, wie viel ich diesen ausgezeichneten Wissenschaftlern verdanke.

Fast alle Zitate von Franziskus oder aus seinen frühen Biografien habe ich für meinen ursprünglichen englischen Text den bislang zwei Bänden der Textausgabe Francis of Assisi: Early Documents *entnommen, die Regis J. Armstrong, J. A. Wayne Hellmann und William J. Short besorgt haben. Das Werk dieser und anderer Fachleute habe ich immer wieder bewundert und dankbar genutzt. Ihre geduldigen Bemühungen um kleinste Details gestatteten mir die Freiheit, mich schlicht darauf zu konzentrieren, die Geschichte des Franz von Assisi wahrheitsgetreu und, wie ich hoffe, packend nacherzählen zu können.*

Europa zur Zeit von Franziskus

•Smolensk

RUSSISCHES GROSSFÜRSTENTUM

POLEN

Kiew

Wien

Pest (Budapest)
•

UNGARN

SERBIEN

BULGARIEN

NIGREICH
LIEN

EPIRUS

LATEINISCHES REICH
Konstantinopel •

NIKAIA

SELDSCHUKISCHES
SULTANAT
VON KONYA

ARMENIEN

KRETA

ZYPERN

•Antiochia

AYYUBIDISCHES
SULTANAT

•Akko

Jerusalem

Der Ritter

An einem Novembertag im Jahr 1202 marschierte die Streitmacht von Assisi durch die Straßen der Stadt. Die Bürger jubelten ihnen zu, als sie zum Stadttor hinauszogen und hinab in die weite Ebene, die sich unterhalb der Stadt erstreckte. Derweil war auch die Streitmacht des Widersachers Perugia jenseits der Ebene im Anmarsch, und um die Mitte des Vormittags standen sich beide Streitmächte in weniger als einem Kilometer Entfernung Auge in Auge gegenüber.

Seite gegenüber:
Mittelalterliche
Schlachtszene.
Niccolo da
Bologna
(1348–1399)
zugeschrieben.

Perugia griff an. Plötzlich donnerte die Ebene vom Hufschlag. Die lauten Schreie der Männer erfüllten die Luft mit Angst und Hass und Kampfeslust. In den folgenden Stunden tobte der Kampf und griff auf die Wälder und Privatburgen über. Schweiß und Blut strömte aus Menschen und Tieren, indes Kaufleute, Bauern und Adlige, die alle energisch ihre Rechte und die Ehre ihrer Stadt verteidigen wollten, mit wilden Flüchen aufeinander losgingen und einhieben und schließlich zu laufen begannen: die einen als Flüchtige, andere als Angreifer. Ein zeitgenössischer Historiker vermerkte: „Die endgültige Niederlage stellte sich sehr spät ein, aber das Gemetzel war fürchterlich."

Assisis Streitmacht wurde vernichtend besiegt. Jene, die sich in den dichten Wäldern oder in Höhlen zu verstecken suchten, wurden wie wilde Tiere gejagt; einige gefangen genommen, andere gnadenlos getötet.

Ein Chronist schrieb in überzogener, den Stolz der Sieger wiedergebender Rhetorik, ein Fluss sei derart vom Blut der Getöteten angeschwollen, dass er über seine Ufer getreten sei. Einer von der Partei Assisis schrieb: „Oh, wie entstellt sind die Körper auf dem Schlachtfeld, wie verstümmelt und gebrochen ihre Glieder! Die Hand

lässt sich nicht mehr gemeinsam mit dem Fuß finden,
die Eingeweide ruhen nicht mehr in der Brust; an der
Stirn klaffen statt der Augen entsetzliche Fenster ...
O ihr von Assisi, was für ein trauriger Tag, was für eine
düstere Stunde war das!"

Eine besonders düstere Stunde war das für Assisis
Elitekompanie, die Compagnia dei Cavalieri, insbeson-
dere für ein 21-jähriges Mitglied dieser Kompanie, einen
reichen Kaufmannssohn. Er hatte sich wie alle jungen
Männer seiner Zeit in seiner Jugend die Lieder der
Troubadoure angeeignet, diese Balladen von Rittern und
Damen und ruhmvollen Schlachten. Jetzt fand er sich in
Ketten gebunden und als Gefangener über das von den
Leichnamen seiner Freunde übersäte Schlachtfeld ge-
zerrt; später auch durch Perugias Straßen, gesäumt von
hämischen Gaffern. Obwohl der junge Mann während
der ersten Wochen seiner Gefangenschaft bemerkens-
wert standhaft blieb, hatte er sich innerlich von seinen
Jugendträumen vom glücklichen und heroischen Krie-
gerleben verabschiedet.

Neue politische Verhältnisse
Der junge Mann hatte nach dem Willen seiner Mutter
bei seiner Taufe den Namen Giovanni, Johannes, erhalten. Der Name missfiel seinem Vater jedoch. Zu der
Zeit, als seine Frau Pica das Kind zur Welt gebracht
hatte, hatte der Vater wieder einmal auf einer Handels-
reise in Frankreich geweilt. Nach seiner Heimkehr bestand er darauf, den Jungen „Franzose" zu nennen:
Francesco, Franziskus. Dieser Name setzte sich durch.

Pietro Bernardone war von dem Schlag eines Ehe-
manns und Vaters, der es gewohnt war, dass daheim
alles nach seinem Willen lief. Außerdem setzten solche
Männer auch als Bürger in ihrer Heimatstadt immer
mehr ihren Willen durch. Das lag zum Teil an ihrem
Ehrgeiz und zum Teil am sich wandelnden sozialen und
politischen Klima. Als Pietro mit seiner Geschäftstätig-
keit begann, beklagten sich er und seine Kollegen im

Handelsgewerbe sehr darüber, bei der Stadtverwaltung kaum mitreden zu dürfen. Sie hatten sich beschwert, von Steuern erdrückt und zu Arbeiten gezwungen zu werden, die ihnen die *majores* abforderten, die Adligen, Ritter und Herren, die ihren Rang und ihr Besitztum kraft Geburt erworben hatten.

Solange sich irgendjemand in Assisi erinnern konnte, war es immer schon so gewesen: dass die *minores* wie Pietro den *majores* unterworfen waren. Zwar wurde diese kraft ihrer Geburt auch die Verantwortung zuteil, die auf der sozialen Stufenleiter Niedrigeren vor Raub, Vergewaltigung und Plünderung durch fremde Heere und andere Umstände zu beschützen. Aber der Preis, den die *minores* (die aus Leibeigenen und Klein-bürgern bestanden) für diesen Schutz bezahlten, war immer höher geworden. Die Leibeigenen waren prak-tisch zu Sklaven geworden und gehörten ihren Herren, genau wie ihr Vieh, und genossen keinerlei Unabhängig-keit. Die Kleinbürger – Bauernknechte, Handwerker und

Franziskus – geprägt von seiner Heimat

Die Gegend, in der Franziskus aufwuchs, dürfte seinen para-doxen Charakter mitgeprägt haben. Der Historiker Omer Englebert schreibt:

Umbrien, wo der heilige Franziskus sein Leben verbrachte, liegt in Mittelitalien zwischen der Mark Ancona und der Toskana. Diese Gegend voller Kontraste und Schönheit beschert dem Geist des Menschen eine Vielzahl bezaubernder Anblicke: einsame Gipfel und entzückende Täler, träge durch die Ebenen mäandernde Flüsse, über Felsen herabstürzende Wasserfälle, wogende Getreidefelder und unfruchtbare vulka-nische Böden, Wälder mit Stechpalmen und Kiefern, silber-blättrige Olivenbäume, Maulbeerbäume mit Girlanden von Kletterpflanzen und Gruppen schwarzer Zypressen, die vor Kapellen am Weg Wache stehen. Der Winter ist rau, der Sommer sengend, Herbst und Frühjahr wunderbar mild.

Kaufleute wie Pietro – waren theoretisch frei und hatten das Recht auf eigenen Besitz. Aber angesichts hoher Steuern und vieler Arbeitsdienste konnten sie ihre Freiheit kaum genießen.

Zur Zeit von Pietros Großvater änderten sich die Verhältnisse. Noch Pietros Vater wird sich daran erinnert haben, wie die für Handwerker und Arbeiter einzig zugänglichen Märkte diejenigen in der örtlichen Burg, dem Kloster oder der Stadt gewesen waren. Doch die Kreuzzüge hatten neue Handelswege eröffnet. Es lag noch nicht lange zurück, dass die Mittelmeerhäfen voller Schiffe waren und Händlerzüge auf wieder-

Ein Inbild des mittelalterlichen Rittertums: Sie Geoffrey Luttrell und zwei Damen. Englische Buchmalerei (ca. 1340).

hergestellten römischen Fernstraßen verkehrten (die vor Jahrhunderten von eindringenden Barbarenheeren zerstört worden waren). Rohmaterial und Manufakturwaren fanden jetzt ihre Wege von einem Ende Europas zum andern. Dieser Umstand brachte es mit sich, dass viele Handwerker und Kaufleute ein Vermögen erwarben. Zu diesen erfolgreichen Kaufleuten gehörte auch Pietro Bernardone, der sein Geld im Tuchhandel verdiente.

Im Geburtsjahr des Franziskus wussten Reisende in Assisi von manchen Städten zu berichten, in denen die Autoritäten – sowohl die Adligen als auch die Kirche – reicheren Kaufleuten wirtschaftliche Privilegien gewährten. Es hieß, sie ließen sie sogar in ihren Ratsversammlungen zu. Ja, in vielen italienischen Städten könnten sich die Kaufleute sogar an der Wahl der Amtsträger, am Beschließen und Durchführen von Gesetzen und an der Rechtsprechung beteiligen. Diese neuen politischen Umstände wurden als „communes" bezeichnet und die „Bürger" der Kommunen (also diejenigen, die ein Haus besaßen und über genügend Einkommen verfügten) waren nun einer neuen „Herr-

schaft" unterstellt. Zugleich waren sie unter anderem der Herrschaft verpflichtet, als Soldaten im Dienst der Kommune verfügbar zu sein.

Franziskus, ein romantischer Junge

Der Aufsteiger Pietro sorgte dafür, dass Franziskus und sei einziger Bruder Angelo zumindest eine einfache Schulbildung erhielten. Er schickte sie in die Schule an der Kirche San Giorgio in Assisi. Aber Franziskus lernte nie besonders viel; er erwarb sich kaum die Kunst des Lesens und Schreibens und ließ sich lieber vorlesen. Weil er nie höhere Studien in Theologie oder Rechtswissenschaft betrieben hatte, wurde er später als Erwachsener als „Mann ohne Bildung" angesehen.

Karl der Große, einer der meistgefeierten Könige des Mittelalters. Buchmalerei aus Wien, 15. Jh.

Was die Fantasie des Jungen ansprach, war nicht das Geistesleben, sondern der damals in der Blüte stehende Ritterkult. Franziskus hörte in seiner Jugend hingerissen den Erzählungen umherreisender französischer Troubadoure zu. Zu seiner Unlust zum Lernen und seiner romantischen Fantasie kam die mäßige Aufsicht seiner Eltern. Sie ließen den Jungen weithin gewähren. Bonaventura, sein späterer Biograf, formulierte in seiner *Legenda maior des heiligen Franziskus* (1260–1263) diskret, er lebte „unter törichten Sterblichen und wurde auf törichte Weisen aufgezogen".

Kurz gesagt, Franziskus war verzogen. Er konnte das Lernen schleifen lassen und sorglos in den Tag hineinleben. Am liebsten vertrieb er sich die Zeit mit Freunden: „Er war es derart gewöhnt, aus vollem Herzen jederzeit zu seinen Freunden zu eilen, wenn sie ihn riefen", schreibt der Verfasser der *Legende der drei Gefährten*, „dass er sogar vom (Familien-)Tisch weglief, auch wenn er erst wenig gegessen hatte."

Franziskus und seine Freunde waren wie viele Jungen der Mittelschicht gern mit den Adelssöhnen zusammen (diese Vermischung der sozialen Klassen war ein weiteres Zeichen für den Wandel). Sie feierten miteinander Feste, tanzten durch die Straßen, sangen spät in der Nacht jungen Damen Ständchen (und wurden zuweilen von den willigeren der Damen dafür belohnt). Auch beteiligten sie sich am üblichen jugendlichen Vandalismus und Stehlen.

Für diesen Lebensstil schien Franziskus wie geboren. „Er wurde von allen bewundert und brachte es fertig, im sprühenden Entfalten nichtiger Leistungen alle anderen weit zu übertreffen", schreibt Thomas von Celano in seinem *Leben des heiligen Franziskus* (1228–1229). Er war bekannt für „seinen Witz, seine Neugier, seine originellen Späße und albernen Reden, Lieder und weichen, fließenden Gewänder".

Er war eine Führernatur, und viele junge Männer waren darauf aus, bei ihm zu sein, vor allem, wenn es

„Dieser heute als Heiliger verehrte Mann … vergeudete bis zu seinem 25. Lebensjahr ganz jämmerlich seine Zeit."

THOMAS VON CELANO, *DAS LEBEN DES HEILIGEN FRANZISKUS,* 1228–1229

Das Essen im Mittelalter

Fleisch konnten sich im Mittelalter die meisten Menschen nur bei besonderen Anlässen leisten, die wohlhabende Familie des Franziskus wohl öfter. Typisch waren Fleisch vom Rind, Schwein, Huhn, Hasen, Eichhörnchen und Pfau, dazu eine Vielzahl von Gewürzen und Soßen.

Ärmere Familien aßen Erbsen und Bohnen, während die Reichen Gemüse eher mieden. Frisches Obst stand zumindest in Italien meist zur Verfügung; am üblichsten waren Äpfel und Kirschen. Die Reichen tranken Wein, die Armen Bier, die ganz Armen nur Wasser.

Die meisten Familien mussten selbst kochen, aber Franziskus' Familie dürfte eine Köchin zum Brotbacken (denn Reichere hatten einen Backofen), Kochen und Auftragen gehabt haben.

*Damals amü-
sierten sich die
Leute über die
Todesqual von
Feinden, die
man folterte
und tötete …
Sie vergossen
Blut bald in
rücksichtslosen
Blutbädern,
bald mit erlese-
ner Grausam-
keit. Vendetta,
Blutrache,
wurde zur sozia-
len Norm."*

ARNALDO FORTINI,
SAN FRANCESCO,
1969

darum ging, Gesetz und Gesellschaft zu provozieren. „So
pflegte er mit seinem Schar von verdorbenen Anhängern eindrucksvoll und hochgemut umherzustolzieren"
und zu allen Tages- und Nachtstunden auf den Straßen
von Assisi unterwegs zu sein, wie Celano berichtet. So
musste es der witzige, liebenswürdige, sorglose Franziskus dann als besonders grausam empfinden, als er ein
Jahr lang in einem Gefängnis in Perugia saß.

Assisi wird Kommune

Dass dieser glückliche Sohn Assisis in Gefangenschaft
geriet, war sowohl der Rivalität zwischen den Städten als
auch der internationalen Politik geschuldet. Alle Welt
war voller Berichte und Gerüchte über Kriege. Sperrte
irgendein mächtiger Herr eine Straße und forderte Weg-
zoll, oder erhob eine rivalisierende Gemeinde Anspruch
auf ein begehrtes Waldstück, so sandte die bedrohte
Stadt Streitkräfte aus, um der Bedrohung Herr zu werden. Das hieß zuweilen, dass man eine Burg belagerte,
eine Stadt dem Erdboden gleichmachte, Erntefelder ab-
fackelte oder Gefangene nahm und folterte.

Papst Innozenz III. (Amtszeit von 1198 bis 1216) war
auf diesem Gebiet keineswegs der Inbegriff von Tugend-
haftigkeit, aber dennoch besorgt angesichts derer, „die
immer wieder Städte verwüsten, Burgen zerstören, Dör-
fer abbrennen, Arme unterdrücken, Kirchen plündern
und Männer in Knechtschaft zwingen. Überall herr-
schen Mord, Gewalttat und Vergewaltigung".

Das Problem waren nicht nur die lokalen Brand-
herde. Während Franziskus' Kindheit war Assisi ständig
am Rand des Bürgerkriegs mit dem Kaiser des Heiligen
Römischen Reichs. 1174 hatten sich die Kaufleute von
Assisi gegen die Vorherrschaft des Kaisers erhoben und
waren innerhalb von drei Jahren von Kaiser Friedrich
Barbarossa niedergeschlagen worden. Der Kaiser hatte
in der Burg La Rocca über Assisi einen zuverlässigen
Mann eingesetzt, den Herzog Konrad von Spoleto, der
die Stadt in Schach hielt, zumindest bis 1197.

In diesem Jahr starb Heinrich IV., der nächste Kaiser. Infolge der Wirren um einen Nachfolger kam es im Reich zu chaotischen politischen Verhältnissen. Das nutzte man in ganz Italien zum allgemeinen Aufstand. Die Kommunen verjagten die Vertreter des Kaisers und besetzten die kaiserlichen Festungen. Der 1198 gewählte Papst Innozenz III. witterte die Gelegenheit zur Ausweitung der kirchlichen Macht und unterstützte die aufständischen Städte. Er befahl Herzog Konrad, Assisi herauszugeben. In Anbetracht seiner hoffnungslosen Lage kapitulierte der Herzog. Er hinterließ die Burg La Rocca in der Obhut seiner Soldaten und begab sich nach Narni, um dem päpstlichen Legaten zu huldigen. Sobald er außer Sichtweite war, belagerten Assisis Streitkräfte die Burg. Assisi wollte die kaiserliche Oberherrschaft loswerden, war aber keineswegs gewillt, dafür bloß einen neuen Oberherrn einzutauschen. Päpstliche Legaten bedrängten Assisi, nachzugeben. Assisi weigerte sich. Hierauf drohten sie der Stadt mit der Exkommunikation – wiederum ohne Erfolg. Das Heer von Assisi, in dem vermutlich auch Franziskus war, nahm die Festung im Sturm und riss sie Stein um Stein ab.

Französischer Troubadour des 12. Jh.s. Für das Leben dieser Troubadoure schwärmte der junge Franziskus.

Das war der Anlass für Assisi, sich als Kommune zu organisieren. Als erstes wurde die Stadt mit einer sicheren Umfassungsmauer umgeben. Die Männer der Stadt, vermutlich auch Franziskus, legten eine Stadtbefestigung an und verwendeten dazu Steine der abgerissenen Festung.

Hierauf begann die Kommune alle verhassten Unterdrücker anzugreifen. Viele angrenzende Burgen waren immer noch kaisertreu und erhoben weiterhin Straßen- und Brückenzölle. Die wütende Streitmacht von Assisi eroberte eine Burg um die andere und zerstörte sie. Sie raubte auch die Stadttürme in Assisi aus, in denen die Adligen einen Teil des Jahres zu verbringen

„In Benehmen und Rede war er von Natur aus höflich und äußerte nie ein grobes oder verletzendes Wort."

LEGENDE DER DREI GEFÄHRTEN, 1241–1247

Vorige Seiten:
**Das ganze Mittel-
alter hindurch
waren Turniere
die große Leiden-
schaft der vom
Rittertum begeis-
terten Adligen.
Französische
Buchmalerei,
ca. 1470.**

pflegten. Einige aristokratische Familien Assisis, darunter auch die der damals sechsjährigen Chiara di Favarone (der späteren heiligen Klara von Assisi), flohen
nach Perugia und unterstellten sich und ihre Ländereien
dieser ihrer neuen Schutzherrschaft. Perugia nahm sie
bereitwillig auf.

Während Assisi damit beschäftigt war, Burgen zu
zerstören, unternahm Perugia eine Reihe von Angriffen
jenseits des Tibers, der die Ebene zwischen den beiden
Städten durchschnitt, um Landeigner von Assisi zu be-
lästigen. Die Situation eskalierte, als sich Perugia mit
dem 19 Kilometer von Assisi entfernten Foligno verbün-
dete. Assisi schloss seinerseits Bündnisse mit Gubbio,

Wie man Ritter wurde

Wer Ritter werden wollte, musste sich zunächst in der Schlacht bewähren und
sich eine Ritterausrüstung anschaffen, was sich nur Adlige und Reiche leisten
konnten. Dazu gehörten Kettenhemd, *cuisse* (der metallene Schenkelschutz),
jambeaux (metallener Schutz für die Beine unterhalb des Knies), *sollerets* (eiserne
Schuhe) und der Helm; sodann Schwert, Dolch und Lanze (mit einem Wimpel an
der Spitze) und ein Schild mit dem Wappen des Ritters. Über dem Ganzen trug
der Ritter sein Gewand, das ihn ganz bedeckte. Außerdem brauchte er ein Pferd
und musste dieses rüsten, zumindest mit einem Kettenhemd zum Schutz der
Flanken und dem *chamfron*, einem Panzerschutz an der Stirn. Zu seiner Begleitung brauchte der Ritter einen Knappen, der ähnlich ausgerüstet sein musste.

Krieg der Kandidat für das Rittertum von einem Paten angenommen, so ver-
brachte er eine Nacht im Gebet vor einem Altar, auf dem seine Rüstung lag. Am
Morgen nahm er an der Messe teil. Kniend legte er den Eid ab, sein Schwert im
Dienst Gottes und der Unterdrückten zu gebrauchen.

Hierauf gab ihm sein Pate den Ritterschlag, einen symbolischen Hieb mit der
Faust auf das Genick, umarmte ihn und sprach: „Im Namen Gottes, des heiligen
Michael und des heiligen Georg schlage ich dich zum Ritter. Sei tapfer, mutig
und treu."

Fabriano, Nocera, Spello und Narni – alles Städte, die Perugia gegenüber feindlich gestimmt waren.

Als Assisi im November 1202 einen Vorbeugungsangriff startete, war Perugia darauf gut vorbereitet: Die einzigen Bürger von Assisi, die nicht niedergemetzelt wurden, waren die, von denen die Perugianer beträchtliche Lösegelder einzutreiben gedachten; zu diesen gehörte der Sohn des Kaufmanns Pietro Bernardone.

Das Gefängnis, in das man Franziskus inhaftiert hatte, wurde nur von wenigen Fackeln erhellt, die die Dunkelheit und die schwer in der Luft hängende Feuchtigkeit kaum behoben. Der Raum stank von den Ausdünstungen der Gefangenen, verrottendem Heu und menschlichen Exkrementen.

Aber während die meisten Gefangenen niedergeschlagen herumhockten und ihr Los beklagten, ging Franziskus umher und versuchte jeden aufzuheitern. Er machte über seine Ketten Späße und lachte viel. Als ein Adliger derart verbittert und unerträglich wurde, dass alle Gefangenen ihn mieden, freundete Franziskus sich mit ihm an und brachte eine Aussöhnung zwischen ihm und den anderen Gefangenen zustande.

Die gnadenlosen Umstände zehrten schließlich doch am von Natur aus fröhlichen Wesen des Franziskus und ließen es schwinden; zum Zeitpunkt, an dem endlich die Verhandlungen über seine Freilassung fruchteten (sie dauerten ein Jahr und sein Vater zahlte ein gewaltiges Lösegeld), war er hoffnungslos krank geworden. Er verbrachte viele Wochen im Bett. Als er schließlich wieder auf seinen Füßen stehen konnte, brauchte er noch wochenlang einen Stock.

Ritterliche Ambitionen

Die schwere Erkrankung warf Franziskus in eine für ihn untypische Depression. Aber schon bald zogen ihm wieder ehrgeizige militärische Ambitionen durch den Kopf und er nahm sich vor, an einem weiteren Feldzug teilzunehmen. Er hatte erfahren, ein Adliger aus Assisi na-

*Franziskus
empfängt im
Traum seine Beru-
fung und legt
sein Ritterkleid
ab*. Gemälde
von Sassetta
(1437–1444).

mens Gentile plane, sich dem Heer des Grafen Walter von Brienne in Apulien anzuschließen, der derzeit die päpstlichen Truppen siegreich von Schlacht zu Schlacht führte. Franziskus überredete ihn dazu, ihn mitzunehmen. Hierauf begann er sich fieberhaft darauf vorzubereiten. Obwohl er noch nicht Ritter war, tat er doch alles, um wie ein solcher auszusehen. Das kostete seinem Vater ein kleines Vermögen, denn er stattete sich stolz mit Kettenhemd, Helm, Schwert, Lanze mit Wimpel und einem fließenden Gewand aus.

Der Tag des Abschieds kam und der 25-jährige Franziskus zog mit einem Begleiter und einem Knappen los, um sich dem Adligen Gentile anzuschließen. Am ersten Tag kamen sie bis Spoleto. Es sollte bereits schon der letzte Tag der abenteuerlichen Unternehmung werden.

In dieser Nacht hatte Franziskus nämlich wieder einen Traum, einen, der ihn ganz aus der Bahn warf. Darin fragte ihn eine unbekannte Stimme, wohin er gehen wolle. Er erklärte sein Vorhaben und die Stimme stellte die weitere Frage: „Wer kann dir am besten helfen, der Herr oder der Diener?" „Der Herr!", erwiderte Franziskus. „Weshalb", fuhr die Stimme fort, „verlässt du dann den Herrn dem Diener zuliebe?" Verwirrt stellte Franziskus die Gegenfrage: „Herr, was willst du, dass ich tun soll?" Und der Herr antwortete: „Kehre zurück in deine Heimat; dort wird man dir sagen, was du tun sollst!"

Am nächsten Morgen erklärte Franziskus seinen Begleitern den Abbruch seiner Unternehmung und kehrte unverzüglich nach Assisi zurück.

Dieser geheimnisvolle Traum im Gefolge einer demütigenden Niederlage und einer einjährigen Gefangenschaft übte auf Franziskus eine nachhaltige Wirkung aus. Natürlich konnte er seine jugendlichen Leidenschaften fast unmöglich ganz abstreifen. Sein ganzes weitere Leben hindurch sollten ihn immer wieder ritterliche Ambitionen überkommen. Aber nie mehr würde er sich noch einmal militärisch kleiden oder ein Schwert in die Hand nehmen.

2 . KAPITEL

Der Genießer

Erste Ansätze, das Leben neu bedenken, keimten in Franziskus nicht erst auf, als er seinen Ritt nach Apulien abbrach, sondern bereits in seiner frühen Jugend. Den Jugendlichen hatte die Landschaft um Assisi fasziniert. Sein Vater besaß außerhalb der Stadt ein beträchtliches Stück Land, auf das Franziskus oft hinausging, um sich in Feldern und Wäldern neue Kraft zu holen. Nachdem er von seiner Krankheit nach der Haft in Perugia einigermaßen genesen war, wollte er unbedingt wieder einmal durch die Felder unterhalb der Stadt streifen. Aber zu seiner Überraschung erwies sich dieser Ausflug als enttäuschend. Thomas von Celano schreibt: „Zu dieser Zeit konnten ihn weder die Schönheit der Felder noch die prächtigen Weingärten noch ir-

Ein riskantes Geschäft

Im Mittelalter waren die Händler mit einer Vielzahl von Gütern in ganz Europa und dem Mittleren Osten unterwegs. Am einträglichsten war dabei der Tuchhandel.

Der internationale Handel spielte sich weitgehend auf Messen in großen Städten ab. Am bekanntesten waren diejenigen in der ostfranzösischen Champagne. Sie waren für die lokale Wirtschaft so wichtig, dass der König von Frankreich allen Kaufleuten auf dem Weg durch sein Land Sicherheit versprach. Dennoch blieben Straßenüberfälle eine Gefahr.

Aus diesem Grund trugen die Kaufleute kaum große Geldsummen mit sich, sondern verwendeten stattdessen Austauschzettel, eine Art Schecks, die in allen Ländern anerkannt waren. Die ersten Banken entstanden, um solche Transaktionen zu ermöglichen.

Trotz dieser Vorsichtsmaßnahmen blieb das Geschäft riskant. Um das Risiko gemeinsam zu tragen, schlossen sich viele Kaufleute zu Partnerschaften zusammen: Einer nahm das Geld auf, der andere unternahm die gefährliche Reise zur Messe.

gendetwas anderes, was den Augen Freude macht, entzücken."

Franziskus wunderte sich und fragte sich, weshalb er so an den Dingen dieser Welt hänge, und – so Thomas – „ging tief enttäuscht und traurig wieder heim."

Aber die Dinge dieser Welt ließen ihn immer noch nicht los. Es sollte mehr als einer vorübergehenden Depression und eines verblüffenden Traums bedürfen, bis er sich vollständig aus seiner Verstrickung ins Materielle löste.

Reichtum und Geschäft

Franziskus' Vater war nicht so habgierig, wie ihn einige frühe Biografen des Heiligen vorstellen. Aber sein Geld bedeutete Pietro Bernardone sehr viel. Er suchte die öffentliche Bewunderung und erstrebte wie viele Kauf-

Stofffärber. Mit Tuchhandel erwarb Franziskus' Vater sein Vermögen. Buchmalerei aus dem 15. Jh.

leute in Assisi gesellschaftlichen Aufstieg. Nichts weniger wünschte er für seinen Sohn, und dieser Wunsch schien sich zunächst auch zu erfüllen.

Pietro handelte mit Tuchstoffen. Dieser Handel blühte in Mittelitalien dank des Friedens, den Kaiser Friedrich Barbarossa geschaffen hatte. Aber Pietro wollte mit mehr als nur den rauen italienischen Wollstoffen handeln und reise deshalb oft in die Provence und die Champagne auf Märkte, wo Kaufleute aus Europa, Asien und Afrika die erlesensten Stoffe der damaligen Zeit feilboten. Er sorgte gut für sich und seine Familie, konnte umfangreiche Liegenschaften im Umfeld von Assisi erwerben und war ein wichtiger Wohltäter der Kommune von Assisi.

Seine Söhne Angelo und Franziskus führte er natürlich ins Familiengeschäft ein. So bediente Franziskus als Heranwachsender Kunden oder ritt zu Pferd als Verkäufer nach Spoleto und Foligno. Er reiste auch mit seinem Vater zu Messen nach Frankreich (wo er Französisch lernte). Kurz, Franziskus wurde laut seinem Biografen Thomas von Celano „ein geschickter Geschäftsmann".

Zugleich wurde er sehr verschwenderisch. In der *Legende der drei Gefährten* heißt es: „Er gab derart viel Geld für sich selbst und andere aus, dass es schien, er sei der Sohn eines großen Fürsten." Seine Freude an üppigen Gelagen wurde bereits erwähnt. Zudem hatte er eine Schwäche für schöne Kleider. In der *Legende* heißt es weiter: „Er brachte es fertig, dass er alles, was er besaß und verdiente, für das Feiern von Festen und andere Vergnügungen verschleuderte … und er gab mehr Geld für teure Kleidung aus, als seine soziale Stellung das eigentlich gestattete." Um zu zeigen, wie für ihn das Geld keine Rolle spielte, ließ er sich öfter ein an sich billiges Kleidungsstück mit besonders teuren Zusätzen versehen.

Die entscheidende Krise

Genauso großzügig wie für sich selbst, nutzte Franziskus seines Vaters Reichtum auch für andere. Einmal arbeitete Franziskus im Laden seines Vaters, als ein Bettler hereinkam und „um der Liebe Gottes willen" um ein Almosen bat.

Franziskus beachtete ihn nicht, sondern arbeitete weiter. Als der Mann nicht gehen wollte, wurde er ungeduldig und wies ihm barsch die Tür. Aber kaum war der Bettler draußen, da tat ihm seine Grobheit leid. Er schalt sich selbst: „Hätte dieser arme Mann von dir etwas für einen wichtigen Baron oder Grafen erbeten, dann hättest du ihm sicher etwas gegeben. Umso mehr hättest du das für den König der Könige und Herrn der Herren getan." So eilte er dem Mann nach, steckte ihm eine Geldsumme zu und nahm sich fest vor, niemals wieder jemanden abzuweisen, der ihn um der Liebe Gottes willen um etwas bat.

Dieses Mitgefühl mit den Armen könnte er von seiner Mutter Pica gelernt haben. Der Legende nach entstammte sie einer angesehenen Familie in Frankreich. Die meisten frühen Biografen zeichnen sie im Gegensatz zu ihrem Mann als fromme Katholikin und in jeder Hinsicht untadelig. Sie soll Franziskus trotz all seines

Beschwerden über die Jugend

Bei vielen mittelalterlichen Autoren war der traurige Zustand der Kinder und Jugendlichen ein Dauerthema. Thomas von Celano beklagte in seiner *Franziskusbiografie* „eine schlimme Gewohnheit bei denen, die sich Christen nennen … Von der Wiege an ziehen sie nur allzu gern ihre Kinder viel zu nachlässig und lieblos auf … Was für Menschen sollen das denn werden, wenn sie ins Erwachsenenalter kommen? … Da ihnen erlaubt war, jedes Begehren zu erfüllen, stürzen sie sich mit ihrer ganzen Kraft in lauter zügelloses Verhalten."

Gewöhnlich waren die Autoren solcher Pauschalverurteilungen Männer, die sich freiwillig der mönchischen Disziplin verschrieben hatten. Sie mögen übertrieben haben, aber viele Menschen des 13. Jahrhunderts hätten diesem Urteil zugestimmt – wie auch Franziskus das im Rückblick auf seine haltlose Jugend tat.

Leichtsinns tief mit einem christlichen Tugendbewusst-
sein erfüllt haben. Diese Tugenden sollten sich erst langsam nach dem Abbruch seines Ritts nach Apulien entfalten.

Seine Freunde bemerkten die Veränderung, die in
ihm vorging: Eines Abends kamen sie zu ihm, überreich-
ten ihm zum Spaß ein Zepter und ernannten ihn zum
„Jugendkönig". Dabei ging es ihnen vor allem darum,
dass er wieder einmal eine wilde Nacht in der Stadt
finanzierte. Franziskus machte wie immer mit. Nach
einem verschwenderischen Gelage zogen sie spät nachts
betrunken und singend durch die Straßen. Franziskus
ging mit dem Zepter in der Hand mit, empfand aber jäh
Langeweile und Abscheu vor diesem ausgelassenen Trei-
ben. Ihn überkam die Hohlheit seines Lebens und er
verspürte plötzlich etwas Unerklärliches. In der *Legende*
heißt es: „Er konnte nicht mehr sprechen und sich bewegen, sondern nur noch diese wunderbare Zärtlichkeit
fühlen und hören." Er schrieb sie Gott zu.

Die Straße in der mittelalterlichen Stadt

Die Straßen einer mittelalterlichen Stadt waren nicht so romantisch, wie wir sie
uns heute vorstellen. Tagsüber waren sie voller Menschen und Lärm. Bekanntma-
chungen über Handelsmessen, Heiraten und Kaufgelegenheiten wurden ausge-
rufen. Bettler erbaten Almosen, Händler priesen laut ihre Waren an. Immer wieder läuteten Kirchenglocken, um Stundengebete, Gottesdienste, Ratsversamm-
lung und Anfang und Ende des Tages anzukündigen.

Die Straßen waren notorisch verschmutzt. Die Leute warfen Müll und Exkre-
mente hinaus. Im nordenglischen Lincoln stank es einmal so stark, dass deswegen auswärtige Händler die Stadt boykottierten.

Nachts boten oft Diebe ihre Waren feil. Manche Städte stellten Straßen-
wächter auf, die meisten Städte hielten nachts die Stadttore verschlossen, um
keine Fremden hereinzulassen und gesetzestreuen Bürger verriegelten Türen und
Fenster und blieben nachts zu Hause.

Dies alles deutet darauf hin, dass Franziskus und seine Freunde hart am Rand
des Anständigen, ja sogar Legalen handelten, wenn sie nachts lärmend durch
die Straßen zogen.

Seine Freunde waren derweil nichtsahnend weiter- gezogen. Als er nicht nachkam, kehrten sie um und suchten ihn. Sie fanden ihn wie geistesabwesend, neck- ten und fragten ihn, ob er von einer Frau träume, die er heiraten wolle. Da kam er wieder zu sich und sagte: „Ja! Ich träumte davon, mir eine edlere, reichere und schö- nere Frau zu nehmen, als ihr je eine gesehen habt!" Alle lachten über diese für ihn typische witzige Antwort. Aber einige nahmen wahr, dass sich seine Lebenseinstellung geändert hatte. Genau wie er selbst begriffen damals auch sie noch nicht, dass er von seiner späteren Vermäh- lung mit der „Frau Armut" gesprochen hatte. Er hatte noch keine Ahnung, was dies alles bedeute, aber eines wahr ihm klar: „Er dachte darüber nach, wie wenig wert er war und begann all die Dinge zu verachten, die er bis- lang so geliebt hatte", heißt es in der *Legende*.

Zur Klärung dessen, was in ihm vorging, verbrachte Franziskus von da an mehr Zeit mit einem Freund, des- sen Namen die Biografen nirgends nennen. Die beiden wanderten oft aus der Stadt zu einer bestimmten Höhle hinaus (vermutlich auf einem der Grundstücke von Pie- tro Bernardone), in der Franziskus zuweilen Stunden im Gebet verbrachte. Er bat Gott, ihm seinen Willen zu of- fenbaren. Ihn erschütterte die Erinnerung an seine Sün- den, die er tief bereute, und machte sich Sorgen, dass er künftigen Versuchungen nicht werde widerstehen kön- nen. Das alles setzte ihm sehr zu. Thomas von Celano schreibt: „Er kam von seinem Ringen derart erschöpft aus der Höhle, dass es schien, einer sei hineingegangen und ein anderer herausgekommen." Diese Gewissens- qualen hielten Wochen lang an.

Eines Tages hörten sie auf. „Der Herr zeigte ihm, was er tun solle", berichtet Thomas. Aber er zögerte immer noch, offen darüber zu sprechen, vielleicht, weil es ihm noch nicht klar genug war. Zu Freunden sprach er von seinem „verborgenen Schatz", von großen Taten daheim und wiederum von einer geheimnisvollen Dame, die sein Herz in Beschlag genommen habe.

„Oft hatte er kaum bei Tisch zu essen begon- nen, da hielt er im Essen und Trinken inne, versenkt in der Betrachtung himmlischer Dinge."

BESCHREIBUNG DES VERHALTENS FRANZISKUS' NACH DER VISION IN SAN DAMIANO, IN DER *LEGENDE DER DREI GEFÄHRTEN*, 1241–1247

Verhaltensänderung

Ganz langsam wurde der Sinn der Äußerungen Franzis-
kus' erkennbar. Er gab den Armen größere Almosen.
Hatte er kein Geld dabei, so schenkte er ihnen seinen
Hut, seinen Gürtel oder das Hemd, das er anhatte. Pries-

tern stiftete er Messkelche. Bettlern reichte er die bei
Tisch übriggebliebenen Speisen. Er unternahm auch
eine Pilgerreise, vielleicht auf Rat eines Freundes oder
Beichtvaters (oder sogar des Ortsbischofs), vielleicht
aber auch ein spontaner Einfall: Mit einigen Gefährten
(die wiederum nie namentlich genannt werden) wanderte er nach Rom, um dort an den heiligen Stätten zu
beten.

Am Grab des heiligen Petrus schockierte ihn der
Geiz, mit dem die meisten Pilger ganz wenig spendeten,
sodass er eine ganze Handvoll Münzen herauszog und in
Richtung Opferkasten schleuderte, in der Hoffnung, das
Geklimper des zu Boden fallenden Geldes werde die
Leute provozieren, mehr zu geben. Außerdem beeindruckte ihn das Heer von Bettlern, und er wollte am eigenen Leib erleben, wie man sich als Bettler fühlte. So
tauschte er mit einem Bettler die Kleider, aß nur das
Wenige, das man ihm gab, und zog Almosen bettelnd
umher. Seine Reisegefährten zwangen ihn bald, damit
aufzuhören. Aber die kurze Erfahrung als Bettler beschäftigte ihn sehr bei seiner Frage, was Gott von ihm
wolle und wie ein Leben in Armut aussehen könne.

Nach Assisi heimgekehrt, verbrachte er viel mehr
Zeit allein. Kam er in die Öffentlichkeit, so erwies er
den Armen und Aussätzigen noch mehr Gutes, und die
Stadtbewohner hielten das für einen seltsamen Wahn.

Genau wie ein Großteil Europas, war auch die Gegend um Assisi von Kapellen, Kirchen und Klöstern
übersät. Manche waren gut ausgestattet, andere ver-
nachlässigt, und die meisten hatten einen Priester, der
für seinen Unterhalt und den der Kirche auf die Spen-
denfreudigkeit der Umgebung angewiesen war.

Eine solches Kirchlein war das nur einen guten Kilometer unterhalb von Assisi gelegene San Damiano. Von
Olivenbäumen umhegt, bot es einen weiten Blick über
die Ebene. Allerdings war es ziemlich heruntergekom-
men; seine Mauern drohten einzufallen und der Priester
schlug sich nur kümmerlich durch. Er hatte nicht ein-

Seite gegenüber:
Die Trennung von
Frömmigkeit und
Barmherzigkeit,
die Franziskus ab-
stoßend fand, ist
auf diesem Altar-
bild von Sebas-
tiano di Cola
eindrucksvoll
dargestellt.

mal Geld, um Öl für die Ewig-Licht-Lampe am Altar zu kaufen.

Auf einem seiner Spaziergänge betrat Franziskus das Kirchlein, kniete sich im Dämmerlicht vor das Altarkreuz und betete. Während er dabei auf das Kreuz schaute, vernahm er die Stimme Christi: „Geh hin, Franziskus, baue mein Haus auf, das am Einstürzen ist!"

Bis dahin hatte Franziskus nur angenommen, Gott spräche in Träumen zu ihm und führe ihn irgendwie. Eine solche direkte Anrede hatte er noch nie vernommen. Er „zitterte und stotterte wie ein Mensch von Sinnen", schreibt Thomas von Celano, stand vom Gebet auf, fasste sich und gelobte, diesen Auftrag so rasch und wörtlich wie er ihn verstanden hatte, auszuführen. Franziskus hatte zwar seine Ritter-Ambitionen aufgegeben, aber nicht sein ritterliches Verhalten. Zu seiner Zeit war es nicht unüblich, dass ein Ritter eine Kapelle erbauen oder wiederherstellen ließ, zumal wenn er für seine Sünden Sühne leisten wollte.

Franziskus betet im Kirchlein von San Damiano und hört die entscheidenden Worte: „Geh hin, Franziskus, baue mein Haus auf, das am Einstürzen ist." Fresko von Giotto di Bondone.

Die Wiederherstellung von San Damiano

Zunächst brauchte er Geld. So eilte er in den Laden seines Vaters, packte etliche Tuchrollen auf sein Pferd und galoppierte zum ungefähr 16 Kilometer in Richtung Süden gelegenen Markt in Foligno. Nachdem er alles Tuch und auch sein Pferd verkauft hatte, ging er zu Fuß nach San Damiano zurück, küsste dort dem Priester die Hände und überreichte ihm den Erlös. Der Priester, der Franziskus als Luftikus kannte, hielt das zunächst für einen Scherz und wollte das Geld auch dann nicht annehmen, als er erkannte, wie ernst der Sohn Pietro Bernardones, des einflussreichen und aufbrausenden Bürgers, es meinte. Schließlich warf Franziskus das

Säckchen mit den Münzen auf einen Fenstersims in einer Ecke des Kirchleins und fragte den Priester, ob er, wenn schon nicht das Geld, dann wenigstens seinen Dienst annehmen wolle. Er sei bereit, beim Kirchlein zu wohnen und es eigenhändig instand zu setzen. Damit erklärte sich der Priester einverstanden.

Nach seiner Heimkehr erfuhr der erzürnte Pietro Bernardone, was mit seiner Ware, seinem Pferd und seinem Sohn geschehen war. Er begab sich unverzüglich nach San Damiano, um Franziskus zu ergreifen und heimzuholen.

Das Kruzifix von San Damiano, durch das Franziskus die Stimme Christi hörte. Romanischer Künstler (11. oder 12. Jahrhundert).

Als Franziskus vom Kommen des Vaters erfuhr, erschrak er. Er wusste, dieser werde seine neue Berufung nicht verstehen. Wahrscheinlich würde er angesichts des Vaters Zorn schwach werden und sich mit nach Hause nehmen lassen. Da er sich der Begegnung mit seinem Vater nicht gewachsen sah, rannte er davon, versteckte sich in einer nahe gelegenen Höhle, blieb dort einen Monat lang und bat Gott um Mut und Weisheit.

Die Konfrontation mit dem Vater

Schließlich legte sich seine Feigheit. Franziskus sah, dass Gott ihm nichts anderes übrig lasse, als zurückzukehren und San Damiano weiter instand zu setzen. Das bedeutete aber, zuerst nach Assisi zurückzugehen und um Material und Hilfe zu betteln, ganz gleich, welche noch so schlimmen Konsequenzen das haben werde. Seine zerlumpten, verschmutzten Kleider hingen loser denn je an seinem mageren Körper und sein Gesicht war gezeichnet, als er durch die Straßen von Assisi schweifte und kühn um Almosen und Material bettelte. Sein Erscheinen erregte Aufsehen. War das nicht Franziskus, der Sohn des Pietro Bernardone? Der leichtlebige Bursche, der zum Dieb geworden war? Seine Freunde waren empört. Viele meinten, er sei durch das viele Hungern verrückt geworden. Sie verspotteten ihn als Spinner; und als er um Steine für den Wiederaufbau der Mauern von San Damiano bettelte, bewarfen sie ihn unter Hohngeschrei mit solchen.

Davon erfuhr bald Pietro Bernardone und war entsetzter denn je. Ihm, der sich in jahrelanger Arbeit zum angesehenen Bürger der Stadt hochgearbeitet hatte, bereitete jetzt der Sohn solche Schande! Er machte sich auf die Suche nach ihm, packte ihn und schleppte ihn nach Hause. Dort schlug er Franziskus und legte ihn dann in einem Kellerraum in Ketten. Unter Flüchen und Vorwürfen verkündete er ihm, dort nicht mehr herauszukommen, bis er wieder bei Verstand sei.

Aber Pietro musste schon bald danach auf eine Geschäftsreise. Die Mutter war frommer als ihr Mann und hatte mehr Verständnis für die religiösen Ideale ihres Sohnes. So dauerte es nicht lange, und sie ließ Franziskus frei. Der eilte unverzüglich wieder nach San Damiano.

Als Pietro heimkam und entdeckte, was geschehen war, bekam er wieder einen Wutanfall. Er stürmte nach San Damiano und beschimpfte und bedrohte Franziskus, aber dieses Mal bot ihm dieser die Stirn. So eilte der Vater nach Assisi zurück, erhob gegen seinen Sohn Anklage wegen Diebstahls, verlangte Wiedergutmachung und die Verbannung des Schuldigen aus der Stadt.

Hierauf begaben sich die Stadtkonsuln nach San Damiano und überbrachten Franziskus die Aufforderung, sich dem Gericht zu stellen. Dieser erklärte jedoch, er

„Der Weg zu seiner neuen Berufung verlief langsam und stockend. Bestimmte Zweifel blieben ihm sein Leben lang."

MICHAEL ROBSON,
*FRANCIS OF ASSISI:
THE LEGEND AND
THE LIFE*, 1977

„Franziskus erbettelte sich von allen Steine. Er wurde eine neue Art von Bettler und stellte das Gleichnis auf den Kopf: ein Bettler, der nicht um Brot bittet, sondern um Steine."

G. K. CHESTERTON,
*ST FRANCIS OF
ASSISI*, 1924

werde dies nicht tun, denn er wohne bei einem Priester an einer Kirche und unterstehe deshalb der kirchlichen Jurisdiktion; sie hätten keine Vollmacht über ihn. Damit waren den Konsuln die Hände gebunden. Sie wollten es natürlich nicht anlässlich einer Familienstreitigkeit zum Machtkampf zwischen Kirche und Kommune kommen lassen.

Pietro Bernardone ließ nicht nach. Er überlegte sich, dass auch das kirchliche Gericht einen Diebstahl nicht werde durchgehen lassen, selbst wenn er im Namen Christi geschehen sei, und so begab er sich zum Bischof. Bischof Guido hatte durchaus Sympathien für den reichen Tuchhändler und stand im Ruf, einer der erwerbstüchtigsten Prälaten von Italien zu sein. In und um Assisi verfügte er persönlich um mehr Besitz als Pietro. Vom Geld verstand er etwas und hielt es für Torheit, es leichtsinnig zu verschleudern, ganz gleich aus welchem Grund. So schickte er einen Boten nach San Damiano mit der Aufforderung, Franziskus solle vor ihm erscheinen.

Dazu war Franziskus gern bereit. Er wusste, dass der Bischof trotz seines Rufs, sehr auf zeitliche Güter bedacht zu sein, auch ein Mensch mit Verständnis für spirituelle Anliegen war. Er hatte bereits in den letzten Monaten mehrmals bei ihm geistlichen Rat gesucht. Dank dieser Begegnungen hatte sich die Ehrfurcht von Franziskus gegenüber der Kirche und ihren Bischöfen und

Familiengefängnis

Pietro Bernardones Verhalten mag heute willkürlich wirken, aber im mittelalterlichen Italien war es legal, wie er mit seinem Sohn umging. Wenn ein Sohn Familienbesitz verschwendete, konnte er sogar noch als Erwachsener auf Antrag seines Vaters ins Gemeindegefängnis gesperrt werden. Der Magistrat war dazu auch ohne Beweise seitens des Vaters verpflichtet. Zog es der Vater vor, ihn selbst einzusperren, konnte er ihn auch daheim in Ketten legen und einsperren. Für Assisi sind viele Privatgefängnisse bezeugt.

Priestern zweifellos vertieft. Er sagte, er komme gern,
weil der Bischof „der Vater und Herr der Seelen" sei.

Die Verhandlung fand öffentlich auf der Piazza von
Santa Maria Maggiore vor dem Bischofspalais statt. Pietro trug noch einmal seine Anklagen vor: den Diebstahl
der Tuchballen, den Verkauf des Pferdes und etliches
mehr. Bischof Guido kam der Fall ganz einfach vor. Er
sagte zu Franziskus: „Dein Vater ist wütend und aufs
Äußerste erbost. Wenn du Gott dienen willst, gib ihm
das Geld zurück, das du hast, denn es ist nicht Gottes
Wille, dass du unrecht erworbenes Geld für den Dienst
an der Kirche verwendest." Außerdem ermutigte er ihn,
auf Gott zu vertrauen: „Er wird dir beistehen und dir
reichlich zuteil werden lassen, was immer du für dein
Wirken für die Kirche brauchst."

Das war ein ziemlich heuchlerischer Rat aus dem
Mund eines der habgierigsten Bischöfe Italiens. Franziskus störte es nicht. Er verhandelte weder mit dem Bischof noch mit seinem Vater, sondern folgte seinem
Hang zur dramatischen Inszenierung und legte eine
Geste an den Tag, die weder sein spiritueller noch sein
leiblicher Vater jemals wieder vergessen sollten. Er entgegnete dem Bischof: „Gern will ich nicht nur das Geld
zurückgeben, das ich von seiner Ware erlöst habe", überreichte seinem Vater das Säckchen mit Münzen aus San
Damiano, riss sich hierauf die Kleider vom Leib und
warf sie seinem Vater vor die Füße. Und an alle erschro-
ckenen Anwesenden richtete er die feierlichen Worte:
„Hört mir alle zu und begreift! Bisher habe ich Pietro
Bernardone meinen Vater genannt. Jetzt aber kann ich
sagen: Vater unser, der du bist im Himmel!" Da bedeckte
ihn der Bischof zum Zeichen, dass er ihn in seine Obhut
nehme, mit seinem Mantel. Während es den anderen
die Stimme verschlug und sie stumm dastanden, ergriff
Pietro das Geld und stürmte wutschnaubend heim. Eine
größere Beleidigung hätte ihm sein Sohn nicht antun
können. Es ist nicht überliefert, ob sich Vater und Sohn
jemals wieder versöhnten. Den Bischof indessen hatte

Franziskus gibt seinem Vater alle Kleider zurück, von Giotto di Bondone. Das war ein dramatisches Bekenntnis zur radikalen Armut.

die Geste von Franziskus tief beeindruckt. Vielleicht verstand er sie sogar als sanfte, aber deutliche Kritik an seiner Lebensart, auch wenn er sie nicht ändern wollte oder konnte. Jedenfalls lehnte er den jungen Mann nicht einfach als „Spinner" ab. In der Folge sollte sich zeigen, dass er ihn bei der Verwirklichung seines Ideals unterstützte, soweit immer er das konnte.

Franziskus kehrte nach San Damiano zurück. Er zog eine Einsiedlerkutte an und begann das Kirchlein ohne weitere Beeinträchtigungen wiederherzustellen. Trotz allen Spotts bekam er genügend Material und Nahrungsmittel und fand sogar einige Gefährten, die ihn bei seiner Arbeit unterstützten.

PERUGIA

Ponte San Giovanni

Collestrada

Mittelumbrien zur
Zeit von Franziskus

Tevere

Chiasco

Bettona

0   Meilen   3

0   Kilometer   5

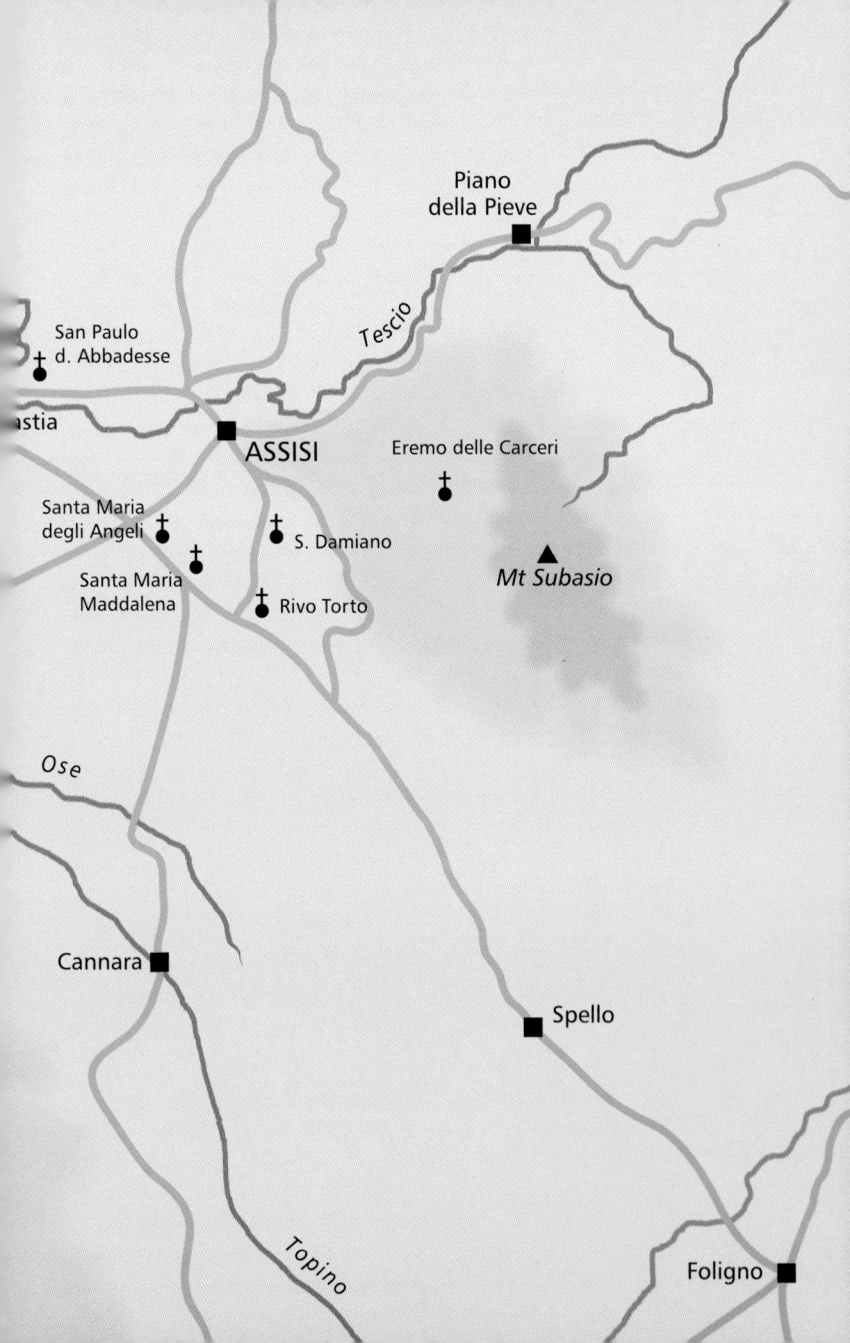

Piano
della Pieve

Tescio

San Paulo
d. Abbadesse

astia

ASSISI

Eremo delle Carceri

Santa Maria
degli Angeli

S. Damiano

Mt Subasio

Santa Maria
Maddalena

Rivo Torto

Ose

Cannara

Spello

Topino

Foligno

Der Reformer

Der heilige
Bischof Rufinus
(mit Stab) hat
nach der Legende
im 3. Jh. die
Gegend von Assisi
bekehrt. Fresko
aus der Giotto-
Schule (ca. 1320)
in der Magdale-
nenkapelle der
Basilica San Fran-
cesco, Assisi.

Assisi soll laut Überlieferung bereits zwei Jahrzehnte nach Tod und Auferstehung Jesu von einem Schüler des Apostels Petrus zum Christentum bekehrt worden sein. Aber die Bürger von Assisi behaupten, ihre Stadt sei erst zwei Jahrhunderte später dank des Heroismus von Rufinus christlich geworden.

Rufinus sei nach Assisi gekommen, um dort die Botschaft Christi zu predigen. Als der römische Prokonsul Aspasius hörte, er rufe die Oberherrschaft eines anderen aus, rief er Rufinus und verbot ihm dies unter Androhung der üblichen schrecklichen Strafen. Aber Rufinus entgegnete unbeeindruckt: „Ich fürchte weder dich noch deine Kaiser."

So ließ ihn der Prokonsul mit einer Lederpeitsche geißeln. Als das nichts half, befahl er, ihn zu steinigen, wobei man vor allem auf seinen Mund zielen solle. Aber er hörte nicht auf, den Namen Christi zu rufen. Daraufhin sagte der Prokonsul: „Wir wollen doch sehen, ob dein Gott dich aus unseren Händen befreien kann" und ließ ihn in einen glühenden Feuerofen werfen. Aber ein Engel erschien und führte Rufinus aus den Flammen. Immer noch unerbittlich, befahl der Prokonsul: „Bindet ihm einen großen Stein an den Hals und werft ihn in ein so tiefes Wasser, dass die Christen ihn nicht herausholen können!" So ertränkte man Rufinus im Fluss Chiascio. Obwohl der Prokonsul es hatte verhüten wollen, bargen die Christen seinen Leichnam und setzten ihn merkwürdigerweise in einem nahe gelegenen Dianatempel bei. Aufgrund dieses Zeugnisses schlug der christliche Glaube in der Gegend Wurzel. Die Erinnerung an Rufinus blieb so lebendig, dass man seinen Leichnam im Jahr 412 exhumierte und in feierlicher Prozession in die Stadt überführte.

Solche Beispiele unerschütterlich tapferen Glaubens, die zur Bekehrung ganzer Landstriche geführt hatten, alljährlich an den Gedenktagen der Heiligen öffentlich erzählt und szenisch dargestellt, verfehlten nicht ihre Wirkung auf die Menschen. Auch Franziskus hatte sie vor Augen, als er sich auf den Sinn seines Lebens besann. Er erkannte, bei seiner Bekehrung gehe es nicht nur um sein eigenes Seelenheil, sondern um die Erneuerung der ganzen Kirche.

Das Ringen mit sich selbst

Lange rang Franziskus um die Bekehrung zu einem Leben aus dem Geist Jesu und verstand, dass es um mehr ging, als weltlichen Ehrgeiz und Luxus aufzugeben. Er sollte Gott sein innerstes Ich ausliefern. Und er merkte, dass dieses noch von neurotischen Ängsten besetzt war.

Eine ganze Weile beschäftigte ihn etwa der Anblick einer armen alten Frau mit einem großen Buckel. Der machte ihm Angst. Die Vorstellung – die ihm der Teufel eingegeben hatte, wie ihm später aufging –, wenn er seine spirituelle Suche nicht aufgebe, werde er wie diese Frau enden, verfolgte ihn wie ein Albtraum. Er versuchte sie im Gebet zu überwinden. Eines Tages war es, als sage Gott zu ihm: „Wenn du mich erkennen willst, dann lass dich selbst ganz los. Dann siehst du alles anders herum. Was ich sage, wird dir süß schmecken, sogar wenn es bitter zu sein scheint."

Eine größere Angst stand dem spirituellen Fortschritt des Franziskus im Weg. Kurz vor seinem Tod erzählte er in seinem *Testament* davon: „Da ich in Sünden war, erschien es mir unerträglich bitter, Aussätzige anzu-

„Franziskus hatte, statt sich Sporen zu verdienen, Schild und Schwert abgelegt; hatte, erwachsen geworden, auf sein Geburtsrecht verzichtet und als ,reichste und schönste Braut' die Frau Armut erwählt."

ADRIAN HOUSE,
*FRANCIS OF ASSISI:
A REVOLUTIONARY
LIFE*, 2000

blicken." Bei seinen vielen Ausflügen über Land war die Wahrscheinlichkeit groß, Aussätzigen zu begegnen. „Er wollte sich nicht einmal ihren Behausungen nahen", berichtet die Legende der drei Gefährten. Wenn er doch einmal einem Aussätzigen ein Almosen geben wollte, tat er es durch einen Mittelsmann, und auch dann „wandte er immer das Gesicht ab und hielt sich die Nase zu."

Während der ersten Monate seiner Bekehrung glaubte er im Gebet die Antwort zu hören: „Franziskus, alles, was du fleischlich geliebt und zu haben begehrt hast, musst du verachten und verabscheuen, wenn du meinen Willen erkennen willst. Denn wenn du anfängst, das zu tun, wird dir das, was dir bislang genussvoll und süß erschien, unerträglich und bitter erscheinen, und was dich bis dahin schaudern machte, wird dir große Süßigkeit und gewaltigen Genuss bereiten."

Als Franziskus kurz danach in der Nähe von Assisi mit dem Pferd unterwegs war (also noch vor dem Bruch mit dem Vater), sah er auf der Straße vor sich einen Aus-

Aussatz

Im mittelalterlichen Europa war Aussatz noch verbreitet. Er äußerte sich in verfaulendem Fleisch, Geschwüren und Verlust der Sinnesempfindung. Wer davon angesteckt war, wurde sozial isoliert. Unterhalb von Assisi gab es mindestens sechs „Lazarushäuser" (benannt nach dem armen Lazarus, der laut Lukas 16,19–31 mit Geschwüren bedeckt war). In San Lazzaro d'Arce wurden Aussätzige formell von Priestern aufgenommen. Der Kranke stellte sich in den Friedhof, wo ihn ein Priester für die Welt gestorben erklärte und hinzufügte, den Leidenden sei das Reich Gottes versprochen. Er streute ihm Staub von Gräbern aufs Haupt und erklärte ihm die Lebensregeln der Aussätzigen.

Aussätzige durften das Haus nur in ihrem charakteristischen Umhang verlassen und mussten mit einer hölzernen Klapper vor sich warnen. Handelsmessen, Märkte, Mühlen, Bauernhöfe und Assisi durften sie nicht betreten. Um Nahrung durften sie nur mit Handschuhen und einer Schüssel betteln. Sie durften nicht direkt aus Quellen, Bächen und Brunnen trinken, sondern nur aus ihren Flaschen. Beim Reden mit Gesunden mussten sie so stehen, dass der Wind gegen sie blies.

sätzigen stehen. Sofort beschloss er, mit einer dramatischen Handlung seine bisherige Einstellung zu ändern. Er stieg ab, ging zu dem Mann hin und überreichte ihm persönlich ein Geldstück. Aber das war ihm für diesen Schritt noch zu wenig. So beugte er sich nieder und küsste die faulige Hand des Mannes. Der erwiderte diese Geste, indem er Franziskus den Friedenskuss gab. Er wich davor nicht zurück. Dabei blieb es nicht. Um seine Abscheu vor den Aussätzigen ganz zu überwinden, begann er deren Siedlung zu besuchen, unter ihnen Almosen zu verteilen und jedem die Hand zu küssen.

Auf diese Weise überwand Franziskus langsam seine Ängste, die seiner vollkommenen Hingabe an Gott im Weg standen. Solche Erfahrungen zeigten ihm, dass göttliche Offenbarungen und außergewöhnliche Träume nicht genügten. Tatsächlich änderten spirituelle Erfahrungen Franziskus nur wenig, außer dass sie ihm grundsätzlich angaben, welche Ausrichtung sein Leben nehmen sollte. Seine zähe Entschlossenheit – die von Got-

Franziskus badet Aussätzige – von der Gesellschaft Ausgestoßene. Altarbild in der Bardi-Kapelle in Santa Croce, Florenz; Bonaventura Berlinghieri zugeschrieben.

tes Gnade gestärkt wurde, wie er gesagt hätte –, um jeden Preis Gottes Willen zu erfüllen, führte zu seiner Bekehrung.

Das Betteln

Nachdem Franziskus die Stimme Christi vernommen hatte: „Geh hin, Franziskus, baue mein Haus auf, das am Einstürzen ist!", durchstreifte er also Assisi und die umliegende Gegend und bat um Spenden für die Wiederherstellung von San Damiano. Er rief: „Jeder, der mir einen Stein gibt, bekommt von Gott eine Belohnung! Und wer mir drei gibt, bekommt drei Belohnungen!"

In die neue Aufgabe stürzte er sich mit der gleichen Leidenschaft wie früher in die nächtlichen Feste mit seinen Freunden. Während er für San Damiano bettelte oder daran arbeitete, sang er oft Loblieder auf Gott. Vom Gerüst aus, das er an der Kirche aufgestellt hatte, rief er Vorbeigehenden zu, sie sollten herkommen und mit Hand anlegen.

Der Priester von San Damiano, der ursprünglich sein Geldgeschenk abgelehnt hatte, erwärmte sich bald für diesen verrückten Wohltäter und begann, so arm er selbst war, Franziskus zu verköstigen. Aber nachdem Franziskus dies kurze Zeit dankbar angenommen hatte, schalt er sich selbst: „Das ist nicht das Leben von jemandem, der Armut gelobt hat! Sei nicht so faul, steh auf und bettle von Tür zu Tür um dein Essen!"

So zog er durch die Stadt und sammelte mit einer großen Schüssel Speisereste ein. Wenn er genügend beisammen hatte, setzte er sich hin, um es zu essen, wie er es sich geschworen hatte. Aber beim Anblick des vermischten Abfalls in der Schüssel wurde ihm schlecht. Er hielt kurz inne, holte tief Luft, zwang sich das Zeug in den Mund und schluckte es mit Gewalt hinunter. Später erzählte er, zu seiner großen Überraschung habe es besser geschmeckt als die feinen Speisen daheim. Von da an ließ er sich nicht mehr vom Priester verköstigen. Äußerlich schien Franziskus die Demut zu akzeptieren, die

„Mittelalterliche Hospitäler ..., Kathedralen und Klöster waren oft ‚Reue in Stein‘, mit denen große Sünder ihre Verbrechen sühnen wollten."

OMER ENGLEBERT,
*ST FRANCIS OF
ASSISI: A BIOGRAPHY,*
1965

das Betteln erforderte. Aber später gab er zu, er habe
während dieser Zeit noch schwer gegen seinen Stolz an-
kämpfen müssen.

Als er einmal unterwegs war, um Öl für die Lampe
im Kirchlein von San Damiano zusammenzubetteln,
stieß er auf einen fröhlich feiernden Haufen. Unter den
Feiernden erkannte er einige alte Freunde, aber noch
bevor sie ihn sehen konnten, verdrückte er sich in eine
andere Straße, um nach San Damiano zu verschwinden.
Doch bald gewann seine hartnäckige Frömmigkeit die
Oberhand über seinen Stolz. Er machte kehrt und ging
mitten in den Haufen hinein. Dann bat er nicht bloß
um Öl, sondern erzählte auch gleich noch, wie er gerade
fast schwach geworden und welcher Feigling er gewesen
sei.

Sein ganzes Leben hindurch sollte sich dieses paradoxe und sehr menschliche Muster wiederholen. Wenn
Franziskus irgendeine bestimmte Form des Stolzes überwunden hatte, fühlte er sich gezwungen, öffentlich zu
bekennen, diesen Stolz gehabt, aber jetzt überwunden
und somit die Demut gefunden zu haben. Was ihm nie
aufgegangen zu sein scheint, war, dass dies wiederum
eine Form des Stolzes war, eine spirituell vielleicht noch
gefährlichere. Franziskus war tatsächlich ein Heiliger,
aber ein Heiliger mit anhaltenden Charakterschwächen.

Seine Sendung weitet sich aus

Als er mit der Wiederherstellung von San Damiano fertig war, machte sich Franziskus an einer weiteren zerfal-
lenen Kirche an die Arbeit, San Pietro, und hierauf
setzte er auch noch Santa Maria degli Angeli in Portiunkula instand. Während er an diesen Kirchen arbeitete
und sich ihm allmählich weitere Gefährten anschlossen,
ging ihm nur langsam auf, dass seine Sendung sich auf
etwas Größeres beziehe.

Die mittelalterliche Kirche bedurfte der Wiederherstellung. Viele, sogar der Papst, sagten das deutlich. Im
Jahr 1215 verurteilte Papst Innozenz III. auf dem Vier-

*„Weh allen Völ-
kern ob der
Finsternis der
Welt! Des Herrn
Weinberg ist
verfallen, das
Haupt der Kir-
che krank, seine
Glieder tot.
Schlaft ihr Hir-
ten alle?"*

ELISABETH VON
SCHÖNAU
(1126–1164), *LIBER
VIARUM DEI*

ten Laterankonzil ausdrücklich eine ganze Reihe von
Missständen. Es herrschte zum Beispiel reges Scha-
chern um einträgliche Ämter; der Handel mit Reliquien
blühte. Der niedere Klerus wurde zum Teil aus unfähi-
gen und unwürdigen Leuten rekrutiert, die kaum eine
Ausbildung bekamen, zumeist kein Latein und folglich
wenig von den Texten der Messe und Liturgie verstanden. Viele Priester in den Pfarreien und an unzähligen
kleinen Kirchen sahen ihr Amt vorwiegend als Möglichkeit zum Broterwerb und verlangten für jede Sakramen-
tenspendung eine ansehnliche Gebühr. Ihre Kirchen und
deren Ausstattung verwahrlosten, oft genug auch ihr Lebensstil. Sie nahmen es mit dem Zölibat nicht genau
und verbrachten einen guten Teil ihrer Zeit mit Müßiggang oder auf Zechgelagen.

Assisi kannte derlei Missstände aus erster Hand,
insbesondere aus dem Amtsgebaren seines Bischofs
Guido. Das seiner Jurisdiktion unterstehende Gebiet
zeichnete sich durch besonders viel Streit und Verleum-
dung, Erlasse und Urteile aus, bei denen es in erster
Linie darum ging, Güter und Dienstleistungen „für die
Diözese" zu erwerben. 1216 lag der Bischof in einem langen bösartigen Streit mit den Benediktinern von Monte
Subasio, weil er die Jurisdiktion über einige ihrer Kirchen beanspruchte. Bei einer weiteren Auseinanderset-
zung kam der Bischof sogar auf die Piazza herunter und
prügelte sich mit einem Gegner. Bei mehreren Anlässen
musste der Papst einschreiten und ihn wegen seiner
Habgier in die Schranken weisen.

Als Folge besaß Bischof Guido nicht einmal das Vertrauen des Dekans und der Kanoniker seiner Kathedrale
und lag mit ihnen ständig im Streit unter anderem über
Ämterverleihungen, das Recht auf bestimmte Abgaben.

Anderswo war es nicht viel besser. Auf allen Ebenen
des kirchlichen Lebens herrschte Korruption: Dekane
und Kanoniker stritten vor Gericht über Felder und Oli-
venhaine, kleine Klöster wehrten sich gegen die Oberherrschaft größerer und stellten zuweilen Söldner an,

um mit Waffengewalt ihre Auffassung durchzusetzen. Kurz, alle wesentlichen Missstände der damaligen Zeit waren hautnah in Assisi mitzuerleben.

Reformgruppen

Im Allgemeinen verfielen die mittelalterlichen Reformer in die eine oder andere Häresie. Einer, der ganz orthodox anfing, war Petrus Valdès (1140–1218), der Gründer der „Armen von Lyon". Valdès (auch Waldo oder Waldes geschrieben) hatte als reicher Kaufmann seinen Besitz verkauft, lebte in frei gewählter Armut und predigte das Evangelium. Mit seiner auf der Bibel gründenden Botschaft gewann er bald Anhänger, die gemeinsam das Gelübde ablegten, in Armut, Buße und völliger Gleichberechtigung aller zu leben.

Zunächst ließ die Kirche sie ohne großen Verdacht gewähren. Als sie aber anfingen, die Mängel des Klerus anzuprangern, exkommunizierte sie der Erzbischof von Lyon. Sie legten bei Papst Alexander III. (1159–1181) Berufung ein, der nach einer Untersuchung ihre Armut lobte und sie autorisierte, dem Volk Moral zu predigen, vorausgesetzt, der Ortsbischof erlaube dies und sie versuchten nicht, die Heilige Schrift auszulegen oder Theologie zu lehren.

Die Gruppe hielt sich nicht daran, sondern folgte ihrem Gewissen. Schließlich wurde sie 1184 von Papst Lucius III. (1181–1185) verurteilt. Damals war Franziskus gerade ein gutes Jahr alt. Von da an entfernte sich die Mehrheit der Waldenser (wie sie schließlich genannt wurden) von der Kirche. Sie vertraten, die Autorität der Bibel stehe höher als die der Kirche und lehnten die Lehre vom Fegfeuer, die Ablasspraxis und die Heiligenverehrung ab. Eine Minderheit aber unterwarf sich dem Papst und bezeichnete sich als „Arme Katholiken". Ihre Mitglieder wandten sich gegen die Verunglimpfung der Priester, lebten in Armut, ver-

Petrus Valdès, ein vor-protestantischer Reformator im Mittelalter.

suchten Häretiker zu bekehren, hielten jährlich zwei Fastenzeiten und beten siebenmal täglich das Vaterunser und das Ave-Maria.

Eine andere reformgesinnte Gruppe waren damals die Humiliaten (die „Demütigen"), die ein aschgraues Gewand trugen. Auch sie wurden von den kirchlichen Autoritäten mit Argwohn betrachtet, aber Papst Innozenz approbierte sie 1201. Sie bestanden aus drei Orden: je einem von Brüdern, Schwestern und „Weltleuten". Letzterer war für Mitglieder, die ihr gewöhnliches Familienleben führten, sich bescheiden kleideten, den Armen dienten, zweimal wöchentlich fasteten und täglich siebenmal das Vaterunser sprachen. Die Mitglieder der beiden anderen Orden lebten in Klöstern, verrichteten Handarbeit, sangen das kirchliche Stundengebet (Officium Divinum) und zogen bei Bedarf hinaus, um sich zu erbetteln, was sie brauchten. Sie waren in der Lombardei entstanden und verfügten binnen 15 Jahren nach ihrer Billigung durch den Papst allein in der Diözese Mailand bereits über 150 Kommunitäten.

Am prominentesten war zur Zeit des Franziskus eine Reformgruppe, die man in Italien als Patarini, in Frankreich als Albigenser und in Osteuropa als Bogomilen bezeichnete. Meistens sind sie als die „Katharer" bekannt.

Sie hatten eine ganz eigene Lehre entwickelt. Nach ihrer Vorstellung rangen in der Welt zwei Prinzipien um die Vorherrschaft. Das eine – Gott – war der Schöpfer aller guten und spirituellen Seelen. Das andere – Satan oder Jehova – war der Schöpfer des Bösen, des Leidens und alles Materiellen einschließlich des Körpers der Menschen. Die Menschen, da aus Seele und Leib bestehend, hätten Anteile von beiden Schöpfern. Christus sei gekommen, um den Geist vom Fleisch zu befreien. Er habe nur zum Schein menschliche Gestalt angenommen, um die versklavten Menschenwesen zum Aufstand gegen Satan und seine Kirche – die Kirche von Rom – zu überreden und der Kirche der Reinen (griechisch: katharoi; daher „Katharer") zuzuführen.

Der Endzeitprophet Joachim von Fiore

Der Zisterzienserabt Joachim von Fiore (1145–1202) war einer der einflussreichsten prophetischen Reformer des Mittelalters. Er kam anhand der Zahlenangaben in der Bibel zum Schluss, die Weltgeschichte durchlaufe die drei Zeitalter des Vaters (des Gehorsams und der Furcht), des Sohnes (der Gnade) und des Heiligen Geistes (der Freiheit und Liebe). Hätte er selbst nicht ein so vorbildliches Leben geführt, wäre er sicher als religiöser Fantast abgetan worden. Aber er war von leidenschaftlicher Liebe zu Christus erfüllt und moralisch integer. Außerdem widmete er sich mit Hingabe den Kranken und Sterbenden und lebte konsequent arm. Seine Lehren und seine Praxis inspirierten Tausende, aus dem Geist des „dritten Zeitalters" zu leben.

Die Verkündigung an den heiligen Joachim (den Vater Marias, der Mutter Jesu). Ungarisches Gemälde, ca. 1450.

Diese Kirche führte einen eigenen Klerus ein (auch „Vollkommene" genannt), eine eigene Liturgie, Pfarreien, Schulen und sogar einige Klöster. Die Katharer waren von missionarischem Eifer erfüllt. Manche wurden Kaufleute, um auf Messen predigen zu können; andere wurden Lehrer, um Einfluss auf die Jugend zu haben; und wieder andere wurden Ärzte, um Kranken und Sterbenden beizustehen. Ihre Prediger geißelten die Unmoral des katholischen Klerus, leugneten die Wirksamkeit der Sakramente und lehrten, für die Rettung eines Menschen genüge die Handauflegung – vorausgesetzt, seine Seele bleibe in der Folge rein (weshalb die meisten Katharer diesen Ritus bis zu ihrer Sterbestunde aufschoben). Sie lehnten die Ehe ab und schienen sexualmoralischen Vorschriften keine besondere Bedeutung beizumessen (da für einen heiligen Geist das Fleisch belanglos sei).

Katharer gab es in vielen italienischen Städten, auch in Rom, und in einigen Städten hatten sie sogar die Oberhand. Erst als sich Staat und Kirche zu einem Kreuzzug gegen sie zusammentaten, wurden sie schließlich unterworfen. Das Signal für Reformgesinnte wie Franziskus war eindeutig: Wollte man anders leben, so musste man innerhalb des Rahmens der kirchlichen Lehre und Autorität bleiben.

Die Portiunkula-Kapelle, die Franziskus sehr liebte. Sie wurde 1569 mit der Basilika Santa Maria degli Angeli überbaut.

Eine Offenbarung

Demnach war das Thema der Kirchenreform in der Zeit von Franziskus sehr präsent; er selbst hatte diese Dimension aber nicht im Blick, bis ihm zuteil wurde, was er als weitere göttliche Offenbarung und Anweisung empfand.

Es geschah in der dritten Kirche, die er wiederherstellte. Juristisch gehörte diese den Benediktinern von Monte Subasio, aber es wurde darin nur sehr selten eine Messe gelesen; ansonsten verfiel sie allmählich ungenutzt. Franziskus verliebte sich unverzüglich in sie. Sie lag abgelegen in einem stillen Waldstück. Im Volksmund hieß sie „Portiunkula" („das kleine Stückchen"), war der heiligen Muttergottes von den Engeln geweiht, und da Franziskus ein großer Marienverehrer war, wurde sie sein Lieblingsort.

Als darin am 24. Februar 1208, dem Fest des heiligen Matthias, in der Messe ein Abschnitt aus dem 10. Kapitel des Matthäusevangeliums verlesen wurde, trafen ihn die Worte des Evangeliums direkt ins Herz. Es steht im Bericht, wie Jesus seine Jünger zu Predigen aussendet: „Umsonst habt ihr empfangen, umsonst sollt ihr geben. Verschafft euch weder Gold, Silber noch Kupfermünzen für eure Gürtel, auch keine Reisetasche, auch nicht zwei Röcke, weder Sandalen noch Stab."

Nach der Messe bat er den Priester, ihm diese Stelle zu erklären. Er erläuterte sie ihm Wort für Wort und zitierte dazu parallele Aussagen aus dem Markus- und Lukasevangelium: Christus habe gesagt, seine Jünger sollten weder Gold noch Silber, ja überhaupt kein Geld besitzen, keine Tasche, keinen Vorrat, keine Schuhe und nur einen Rock, um in aller Freiheit das Reich Gottes und die Buße predigen zu können.

„Genau das ist es, was ich will. Danach sehne ich mich von ganzem Herzen!", rief Franziskus begeistert aus. Voller Freude vereinfachte er auf der Stelle seine Lebensart noch radikaler. Er tauschte seine Eremitenkutte gegen ein einfacheres Gewand, legte seine Sandalen ab, warf seinen Stab weg und ersetzte sein Unterhemd durch ein viel gröberes Hemd. An seinem Gewand befestigte er das Kreuzzeichen („um damit jedes Truggebilde der Dämonen abzuwehren", schreibt Thomas von Celano) und statt des Ledergürtels band er einen einfachen Strick um die Hüften.

Diese Schriftstelle lernte er auswendig und „er achtete sorgfältig darauf, sie wortwörtlich zu praktizieren". Franziskus erkannte, wie sein eigenes Leben künftig beschaffen sein sollte, und damit hatte er auch seinen konkreten Ansatz zum Wiederaufbau der Kirche.

4 . KAPITEL

Die ersten Brüder

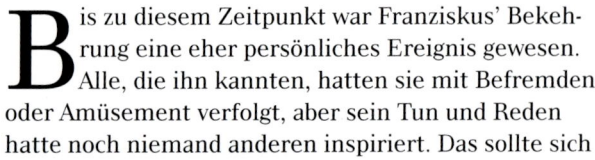

Die Kathedrale von San Rufino in Assisi, in der Franziskus oft predigte.

Bis zu diesem Zeitpunkt war Franziskus' Bekehrung eine eher persönliches Ereignis gewesen. Alle, die ihn kannten, hatten sie mit Befremden oder Amüsement verfolgt, aber sein Tun und Reden hatte noch niemand anderen inspiriert. Das sollte sich ändern, als er zunehmend stärker von der Idee gepackt wurde, die verfallene Kirche neu aufzubauen.

Er begann zu predigen, zuerst in der Kirche San Giorgio, an der er zur Schule gegangen war, und dann in der Kathedrale von San Rufino. Bald wanderte er mit seiner Botschaft durch die gesamte Gegend und predigte in bis zu fünf Ortschaften pro Tag, oft unter freiem Himmel. Jede Predigt begann er mit dem Gruß: „Der Herr schenke euch Frieden." Das war in seinem Zeitalter, in dem Ritterfehden, Blutrache, Verstümmelungen durch die Strafjustiz und Mord an der Tagesordnung waren, ein besonders dringender Wunsch.

Etwas Besonderes war auch, Predigten auf Italienisch zu formulieren und zu den ganz gewöhnlichen Leuten aller Schichten zu sprechen. Die meisten berühmten Prediger wie etwa Bernhard von Clairvaux hatten sich auf Lateinisch an die gebildete Elite gewandt. Prediger, die sich der Muttersprache bedienten, verbar-

Die mittelalterlichen Kirchen: Foren der Gemeinde

In der mittelalterlichen Gesellschaft waren religiöses und öffentliches Leben noch nicht strikt getrennt. Daher veranstaltete man in den Kirchen nicht nur Gottesdienste, sondern auch kommunale Versammlungen, hitzige Diskussionen und wichtige andere Zeremonien. Vor und nach der Schlacht versammelten sich darin die Soldaten zum Gebet. Hier unterzeichnete man vor Notaren Schenkungen und Verträge; hier wurden die Urteile von Richtern und Stadträten verkündet. Folglich waren die Kirchen auch der ideale Ort für Reformprediger.

gen die Botschaft oft hinter theologischen Abstraktionen. Franziskus dagegen lehnte sich an den Stil der Troubadoure an und gebrauchte poetische Vergleiche und anschauliche Bilder, die die Menschen ansprachen. Wenn er die Geburt Christi beschrieb, konnten sich seine Zuhörer die Begebenheit lebhaft vorstellen. Und seine Schilderung der Kreuzigung des Gottessohnes rührte sie und auch ihn selbst zu Tränen.

Seine Worte waren gütig und zugleich streng. Zuweilen konnte er liebenswürdig und fröhlich sein; dann sprang er herum und tat, als spiele er auf einem Holzstück Fiedel, oder er brach in einen Lobgesang auf Gott und seine Schöpfung aus. Dann wieder konnte er energisch werden. Ein früher Biograf schrieb: „Er prangerte das Böse an, wo er es entdeckte, und gab sich keine Mühe, es zu verharmlosen. Ein sündiges Leben fand bei ihm kein Verständnis, sondern nur scharfen Tadel. Er sprach gleichermaßen deutlich zu Großen und Kleinen."

Alles in allem hatten seine Zuhörer das Gefühl, etwas ganz Neuem zu begegnen, einem religiösen Erwachen. Obwohl der Glaube an Gott in der damaligen Gesellschaft eine Selbstverständlichkeit war, wirkte die Predigt des Franziskus so, als werde Gott zum ersten Mal zur lebendigen Wirklichkeit. Die Folge war, wie es in

„Seine Worte waren ... erfüllt von der Kraft des Heiligen Geistes und drangen bis ins Mark des Herzens, was die Zuhörer sehr erstaunte."

DIE LEGENDE DER
DREI GEFÄHRTEN,
1241–1247

der *Legende der drei Gefährten* heißt, „dass manche bewegt wurden, nach seinem Beispiel Buße zu tun, alles hinter sich ließen und sich ihm in Lebensform und Gewohnheit anschlossen."

Die ersten Gefährten

Der Erste, der sich Franziskus anschloss, hielt nicht lange durch und kehrte bald in sein voriges Leben zurück. Der Zweite sollte bleiben. Es war der Kaufmann Bernhard von Quintavalle aus Assisi, der von Franziskus' Reden und Handeln sehr beeindruckt war, und ihn deshalb zu einer gründlichen Aussprache in sein Haus einlud. Sie beteten gemeinsam und unterhielten sich bis spät in die Nacht.

Bernhard fragte Franziskus: „Wenn jemand viele Jahre lang über Besitztum verfügt hat – sei es groß oder klein –, das er von seinem Herrn erhalten hat, und es nicht länger behalten will, was tut er dann am besten damit?"

Franziskus gab zur Antwort: „Dann muss er es dem Herrn zurückgeben, von dem er es bekommen hat."

Hierauf entgegnete Bernhard: „Dann, Bruder, möchte ich meine gesamte weltliche Habe um der Liebe meines Herrn willen, der sie mir gegeben hat, so weggeben, wie es dir am besten dünkt."

Franziskus schlug vor: „Gehen wir morgen früh miteinander in die Kirche. Dort werden wir aus dem Evangelienbuch erfahren, was der Herr seinen Jüngern aufgetragen hat."

Am Morgen ging noch ein weiterer Mann mit, der Rechtsgelehrte und Domherr Petrus von Catania aus Assisi, der sich ebenfalls mit dem Gedanken trug, sich Franziskus anzuschließen. Sie begaben sich in die Kirche San Nicolò gleich an der Piazza. Dort verweilten sie einige Zeit vor dem geschlossenen Evangelienbuch im Gebet, dann schlug Franziskus es aufs Geratewohl auf und seine Augen fielen auf den Ausspruch Jesu: „Willst du vollkommen sein, so geh hin, verkaufe, was du hast,

Seite gegenüber: Franziskus predigte in der Volkssprache und fand sogar ein noch größeres Publikum als der berühmte Bernhard von Clairvaux, der wortgewaltigste Prediger des Mittelalters. Die Buchmalerei (ca. 1415/1420) von Jean Fouquet zeigt Bernhard als Prediger und bei der Versuchung durch den Teufel.

Das Ideal der evangelischen Armut

Das Armutsideal geht auf Jesus zurück, den Franziskus gern zitierte: „Keiner von euch, der sich nicht von allem, was er hat, lossagt, kann mein Jünger sein" (Lukas 14,33); und: „Ihr könnt nicht Gott dienen und dem Mammon" (Matthäus 6,24).

Im 3. und 4. Jahrhundert verkauften Tausende ihren Besitz, gaben das Geld den Armen und zogen in die Wüste hinaus, um allein für Gott zu leben. Das Armutsideal dieser ersten Mönche nahmen Basilius im Osten und Benedikt im Westen als „Armutsgelübde" in ihre Mönchsregeln auf. Seine praktische Verwirklichung erfuhr starke Schwankungen. Darum brach im 11. und 12. Jahrhundert eine starke Bewegung zur Erneuerung jener „evangelischen Armut" auf, wie sie Christus und seine Apostel gelebt hatten.

Das war zum Teil eine Reaktion auf den wachsenden Materialismus. Die Städte blühten; eine neue Schicht von Kaufleuten kam zu großem Reichtum; die Kluft zwischen Reichen und Armen wurde breiter. Reformmönche und Wanderprediger wetterten gegen Habgier und Ausbeutung und vor allem das Geldverleihen um hohe Zinsen, die Sünde des „Wucherns". Mit der „evangelischen Armut" wollte man alledem das Ideal der Nachfolge Jesu entgegensetzen.

und gib es den Armen; so wirst du einen Schatz im Himmel haben." Hierauf blätterte Franziskus noch zweimal
im Buch weiter, und jedes Mal stand da ein weiterer entsprechender Ausspruch Jesu. Der eine fing an mit „Verschafft euch weder Gold, Silber noch Kupfermünzen für
eure Gürtel, auch keine Reisetasche, auch nicht zwei
Röcke, weder Sandalen noch Stab.", ein anderer mit
„Wer mir nachfolgen will, der verleugne sich selbst …"

Franziskus waren diese Stellen schon vertraut und
er hatte bereits versucht, sie buchstäblich zu befolgen.
Dass sie bei diesem dreimaligen Aufschlagen gerade
diese Zitate fanden, bezeichneten frühe Biografen als
ein Wunder; aber es könnte auch einfach die dramatische Art gewesen sein, auf die Franziskus die beiden
Männer auf das Thema aufmerksam machte, das ihn in
seinen Bann geschlagen hatte. Er sagte zu ihnen: „Brüder, das ist unser Leben und unsere Regel, und das soll

Ein Zentaur unterhält sich mit
dem Wüstenvater
Antonius (ca.
251–356), dem
ersten christlichen Mönch, der
spätere Asketen
wie Franziskus inspirierte. Französische Buchmalerei, ca. 1412.

Nord- und
Mittelitalien
zur Zeit des
Franziskus

Verona

Padua

Venedig

Parma

LOMBARDEI

Bologna

Ravenna

ROMAGNA

Rimini

San Marino

Pisa

R. Arno

Florenz

*Berg
Alverna*

San Leo

Poggibonsi

Arezzo

PENTAPOLIS

Ancona

Siena

Cortona

Gubbio

MARKEN
VON
ANCONA

Trasimener See

Perugia

Assisi

Ascoli

Foligno

HERZOGTUM SPOLETO

Spoleto

Orvieto

Bolsenasee

Terni

Narni

Rieti

KÖNIG
REICH
SIZILIE

Viterbo

R. Tiber

KIRCHENSTAAT

Rom

Cass

für alle gelten, die sich uns noch anschließen wollen. Geht daher hin und führt aus, was ihr gehört habt!"

Bernhard und Petrus waren überwältigt. Franziskus' schien mitten ins Herz dessen zu treffen, was in Kirche und Welt im Argen lag. So verkauften beide ihren Besitz, gaben das Geld den Armen und begannen mit Franziskus beim Portiunkula-Kirchlein zu leben. Als Bernhard eines Tages gerade den Erlös eines Teils seines Eigentums austeilte, kam ein Priester namens Silvester zu Franziskus. Franziskus hatte von ihm auf Kredit Steine für die Instandsetzung von San Damiano erworben. Er beschwerte sich: „Du hast mir noch nicht alles für die Steine bezahlt!"

Da griff Franziskus spontan Bernhard in die Tasche, zog eine Handvoll Münzen daraus hervor und überreichte sie Silvester mit der Frage: „Ist damit alles bezahlt, Herr Priester?"

Voller Freude erwiderte Silvester: „Ja, Bruder, jetzt habe ich alles erhalten!" und eilte heim.

Aber Silvester ließ die Angelegenheit in den folgenden Tagen keine Ruhe. Er sagte zu sich selbst: „Bin ich nicht ein erbärmlicher Mensch? Da bin ich nun schon so alt, und immer noch giere ich hinter den Dingen dieser Welt her! Und dieser junge Mensch verachtet und verschmäht sie alle aus Liebe zu Gott!"

Das ging ihm Monate lang nach, bis er sich endlich ebenfalls Franziskus anschloss.

Derweil quartierten sich Franziskus, Bernhard und Petrus beim verfallenen Kirchlein von Santa Maria degli Angeli drei Kilometer unterhalb von Assisi ein. Dort war Franziskus von der Evangelienlesung über die Armut ins Herz getroffen worden. Die Benediktiner, denen das Anwesen gehörte, waren froh, dass sich Gäste um seine Pflege kümmerten. So bauten sich die drei eine kleine Hütte aus Ästen, Zweigen, Schilf und Lehm und widmeten sich den Bauarbeiten an der Kirche. Eine Woche später schloss sich ihrer Gemeinschaft ein junger Bauer namens Ägidius an. Gegen Ende April 1208 waren auf diese

Franziskus war wie ein Kraftwerk von Ausstrahlung. Seine Energie schien von seinem Empfinden zu stammen, unablässig eng mit Gott verbunden zu sein."

ADRIAN HOUSE,
*FRANCIS OF ASSISI:
A REVOLUTIONARY
LIFE*, 2000

Weise vier Pflänzlinge neuen Lebens für die Kirche gesetzt.

Die Gemeinschaft wächst
Nach einigen Wochen begaben sich die Brüder zu je
zweien in entgegengesetzte Richtungen auf Predigtreise.
Franziskus zog mit Ägidius in die Marken von Ancona.
Er war noch vom gleichen Tatendrang wie früher erfüllt,
in seinem Leben etwas Ruhmreiches zu vollbringen, nur
ging es ihm jetzt um etwas Anspruchsvolleres. Er sagte
zu Ägidius: „Unsere Lebensweise soll die eines Fischers
sein, der seine Netze auswirft und ein große Menge Fische fängt. Die kleinen lässt er im Wasser, die Großen
legt er in seinen Korb."

Während sie dahinwanderten, spielte Franziskus
den frohen Troubadour Gottes. Die Legende der drei Gefährten berichtet: „Er sang mit lauter und klarer
Stimme auf Französisch das Lob des Herrn und rühmte
und pries die Güte des Höchsten."

Seine Zuhörer forderte er zur Furcht und Liebe Gottes und zur Buße für ihre Sünden auf. Manche hielten
die beiden für verrückt oder betrunken. Andere dachten:
„Entweder hängen sie Gott um der höchsten Vollkommenheit willen an oder sie sind völlig verrückt, wie sie
so leichtsinnig dahinleben, mit wenig zu essen, barfuß
und in schäbigen Kleidern."

Als die vier nach Portiunkula zurückkehrten, baten
vier weitere Männer um Aufnahme bei ihnen. Von da an
fing man in Assisi an, sich Sorgen zu machen. Es war
noch angegangen, dass Franziskus am Rand der Stadt
mit zwei, drei Kameraden ein exzentrisches Leben
führte. Aber wenn da eine große Gemeinschaft entste-
hen und alle diese Männer ständig in die Stadt zum Betteln kommen sollten, wurde das problematisch. So fing
man an, den Brüdern nichts mehr zu geben und sie zu
tadeln und zu verspotten, weil sie alles aufgegeben hatten und auf Kosten anderer lebten. Sogar ihre eigenen
Familienangehörigen hießen sie verrückt und dumm.

Da beschloss Bischof Guido einzuschreiten. Er legte Franziskus nahe, sie sollten sich einen bescheidenen Besitz behalten und darauf ihren Lebensunterhalt verdienen, damit sie nicht mehr so viel betteln müssten. Franziskus entgegnete: „Wenn wir Besitztum hätten, würden wir Waffen brauchen, um es zu verteidigen. Es kommt dann zu Streitigkeiten und Prozessen darum, und das hindert die Liebe zu Gott und zum Nächsten gewaltig. Darum wollen wir in dieser Welt nichts besitzen." Dass der Bischof das schluckte, ist erstaunlich. Denn das musste ja wie eine radikale Infragestellung seines eigenen Lebenswandels wirken.

Buße und Vergebung
Während dieser Zeit geriet Franziskus in anderer Hinsicht in gewaltige Gewissenskonflikte. Die Erinnerung an die Sünden seiner Jugend und seine Jahre der Eitelkeit und Verschwendungssucht holte ihn ein und bescherte ihm ungeheure Schuldgefühle, Selbstzweifel und Ängste. So betete er unablässig: „Herr, sei mir armem Sünder gnädig!"

Schließlich überkam ihn eines Tages bei diesem Gebet „eine unbeschreibliche Freude und gewaltige Süße im Herzen", wie Thomas von Celano schreibt. „Er begann sich selbst loszulassen. Seine Gefühle verflogen und die Finsternis schwand." Es erfüllte ihn die Gewissheit, dass ihm seine Sünden vergeben seien und er blickte zuversichtlich in die Zukunft. „Er schien ein anderer Mensch geworden zu sein", berichtet Thomas.

Herbst 1208. Erst wenige Monate waren vergangen, seit sich ihm Bernhard und Petrus angeschlossen hatten. Franziskus wagte es jetzt, sie zu je zweien in entferntere Gegenden auszusenden. Ihre Berufung sei es, „durch die Welt zu ziehen, allen Mut zu machen, mehr durch Tun als durch Worte, sie zur Buße für ihre Sünden aufzurufen und sie an die Gebote Gottes zu erinnern."

Heute ist man versucht, Franziskus und sein Wirken zu verkitschen. Daher muss man deutlich sehen, dass er seine Brüder damals und auch später nie aussandte, um eine süß-sanfte Botschaft von der grenzenlose Liebe Gottes und den Wundern der Schöpfung zu verkünden. In einem Leitfaden aus dieser Frühzeit wies er seine Brüder an, sie sollten ihre Zuhörer auffordern: „Tut Buße, bringt würdige Früchte der Buße, denn bald werden wir sterben … Selig, die in Buße sterben, denn sie werden ins Himmelreich kommen. Wehe denen, die nicht in Buße sterben, denn sie werden Kinder des Teufels sein, dessen Werke sie tun, und sie werden ins immerwährende Feuer kommen."

Franziskus warnte seine Brüder vor der Feindseligkeit, auf die sie wahrscheinlich stoßen würden, aber sie sollten deshalb keine Angst haben. Es werde nicht lange dauern, und „viele gelehrte und edle Männer werden zu uns kommen und werden mit uns zu Königen und Herrschern und großen Volksmengen predigen". Viele würden sich bekehren und Gott werde „seine Familie auf der ganzen Welt vermehren und anwachsen lassen".

Sodann segnete er sie und sandte sie aus. Er gab ihnen noch die Anweisung mit, sooft sie an einem Kreuz oder einer Kirche vorbeikämen, sollten sie dort beten: „Wir beten dich an, Herr Jesus Christus, und benedeien dich hier und in allen Kirchen auf der ganzen Welt, denn durch dein heiliges Kreuz hast du die Welt erlöst."

Die Brüder wurden zwiespältig aufgenommen. Mit ihrer Kleidung und Lebensart weckten sie Verwunderung. „Sie wirkten fast wie Wilde", heißt es in der Legende der drei Gefährten. Manche nahmen ihre Botschaft an, andere verlachten sie. Wieder andere wollten wissen, woher sie kämen und welchem Orden sie angehörten. Sie sagten, sie seien Büßer aus Assisi und gehörten keinem offiziellen Orden der Kirche an.

Abends suchten sie nach einer Unterkunft, aber nur wenige trauten ihnen und ließen sie in ihr Haus. So schliefen sie unter Vordächern von Kirchen und Häusern. Da sie diesmal im Herbst und Winter unterwegs waren, hieß das, etliche kalte, schlaflose Nächte auf sich zu nehmen. Zuweilen riss ihnen eine aufgebrachte Menge die Kutten vom Leib. Da sie gelobt hatten, nach Jesu Weisung jedem, der sie um etwas bat, dies zu geben und nichts dafür zu verlangen, mussten sie oft halbnackt weiterziehen. Obendrein beteten sie dann noch für die, die sie verfolgten, gemäß einer weiteren Weisung Jesu, an die sie sich hielten.

Allmählich verschafften ihnen ihre geduldige Ausdauer trotz aller Schmähungen, ihre Weigerung, Geld an-

Buße

Mit seinem Aufruf zur Buße folgte Franziskus einen Zug der Zeit. Vielen Reformbewegungen ging es darum.

Franziskus verstand darunter eine Lebenseinstellung und -praxis, ferner aber auch das Bußsakrament, die in der katholischen Kirche bis heute übliche „Beichte". Darin bekennt man vor einem Priester seine Sünden, empfängt die Lossprechung und bekommt als „Buße" bestimmte Gebete oder gute Werke aufgetragen.

Die Tugend der Buße bestand in ehrlicher Reue und dem Vorsatz, die Sünde künftig energisch zu meiden. Begleitet wurde das von konkreten Taten: Beten, Fasten, zuweilen Selbstgeißelung, Almosen an die Armen, Versöhnung mit seinen Feinden.

Im weiteren Verlauf des Mittelalters wurde die Buße, die ursprünglich befreiend wirken sollte, zunehmend legalistischer und zugleich fordernder und erdrückender. Die unendliche Heiligkeit Gottes und die Verderbtheit der sündigen Menschheit wurden als unüberbrückbare Gegensätze empfunden. Daher, so die Vorstellung, habe Christus durch seinen Opfertod am Kreuz Gott und die Menschen wieder miteinander versöhnen müssen. Die Kirche habe den Auftrag, die Frucht dieses Opfers auf dem Weg über das Bußsakrament den Menschen zukommen zu lassen.

Franziskus schien zuweilen zwischen beiden Vorstellungen zu schwanken. Er konnte die Buße als Befreiung vorstellen, zeitweise jedoch auch als fast legalistischen Zwang, um seine Brüder auf eine strenge Disziplin zu verpflichten. Diese Spannung wurde nie wirklich aufgelöst.

zunehmen, und die Zähigkeit, mit der sie alles Schwere ertrugen, die Hochachtung der Menschen (in einer Geschichte wird erzählt, als sie barfuß durch den verharschten Schnee gegangen seien, hätten sie blutige Fußspuren hinterlassen). Vor allem konnten die Menschen nicht die Freude fassen, mit der sie auftraten und ihre Botschaft verkündeten. Manche kamen sogar zu ihnen und baten sie um Verzeihung, weil sie ihnen so übel mitgespielt hätten. Wieder andere baten darum, sich ihnen anschließen zu dürfen.

Als sie zu Anfang 1209 nach Portiunkula zurückkehrten, schlossen sich ihnen noch einmal vier Männer an, sodass sie die biblische Zahl zwölf erreichten. Sie empfanden sich als die zwölf Apostel des Herrn für ein neues Zeitalter. Ihre Begeisterung für ihre neue Lebensform schien keine Grenzen zu kennen.

Aus dieser Zeit sind viele Geschichten überliefert, die die damalige Atmosphäre wiedergeben. Drei seien zitiert:

Als zwei von ihnen eines Tages auf der Straße gingen, begann ein Mann Steine auf sie zu werfen. Der eine Bruder stellte sich sofort vor den anderen, damit dieser nicht getroffen wurde.

Wenn es einem passierte, dass er einem anderen ein verletzendes Wort sagte, plagte ihn sein Gewissen so sehr, dass er keine Ruhe fand, bis er seine Schuld eingestanden hatte. Er warf sich dann der Länge nach auf den Boden und bat seinen Bruder, er solle ihm den Fuß auf den Mund setzen.

Wenn sie einem Bettler begegneten und nichts hatten, was sie ihm geben konnten, rissen sie sich oft ein Stück Stoff von der eigenen Kutte und gaben ihm wenigstens dies.

Die Brüder wollten sich ausschließlich Gott hingeben, und das hieß für sie, vollkommen mit ihren Familien zu brechen. Sie vermieden es sogar, in Gegenden zu gehen, in denen Verwandte von ihnen wohnten. So wollten sie die Weisung aus den Psalmen erfüllen: „Entfremdet bin ich meinen Brüdern, den Söhnen meiner Mutter ein Fremdling" (Ps 69,9). Diese Verhaltensweisen waren nicht krankhafte Gesten allzu selbstgerechter Menschen. Sonst hätten sie nicht derart viele Menschen angezogen, wie sie es schließlich taten. Ihre ganze Frömmigkeit war von dem Gefühl der Freude erfüllt, dass sie sich vollständig einem gnädigen und liebenden Gott ausgeliefert hatten.

In der *Legende der drei Gefährten* heißt es darüber: „Sie freuten sich unablässig im Herrn und hatten nichts in sich selbst und auch nichts zwischen einander, was sie hätte traurig machen können. Denn je mehr sie von der Welt getrennt waren, desto mehr waren sie vereint mit Gott. Indes sie auf dem Weg des Kreuzes und auf den Pfaden der Gerechtigkeit voranschritten, entfernten sie alle Hindernisse vom schmalen Pfad der Buße und der Einhaltung des Evangeliums."

5 . KAPITEL

Die Gründung
des Ordens

*„Hütet euch vor
Stolz und eitlem
Ruhm, vor der
Weisheit dieser
Welt und der
Klugheit des
Fleisches."*

FRANZISKUS, ERSTE
REGEL, 1209/10–1221

*Die Eroberung
Konstantinopels,*
von Jacopo
Palma. Diese bru-
tale Plünderung
Konstantinopels
1204 beim Vier-
ten Kreuzzug
führte zu einer
unerwarteten
Wende. Papst
Innozenz III.
wurde mächtiger
denn je.

F ranziskus wusste: Wenn seine Gemeinschaft tatsächlich „viele gelehrte und edle Män-ner" anziehen und Gott „seine Familie auf der ganzen Welt vermehren und anwachsen lassen" werde, musste er notwendigerweise einen neuen Orden gründen. Dazu brauchte er aber die Zustim-mung der Kirche, also von Papst Innozenz III.

Schon der Gedanke, eine Audienz bei Inno-zenz III. zu bekommen, war lachhaft. Franziskus hatte genau auf all das verzichtet, was einen ehr-geizigen Menschen wie Innozenz beeindrucken konnte, der mit einer Reihe von politischen und militärischen Schachzügen der mächtigste Mann Europas geworden war.

Innozenz hatte dem Kaiserlichen Reich die Stirn geboten, als sie ihm päpstliches Gebiet um Rom hatten nehmen wollen. Die Könige von Por-tugal, Aragon, Leon, Norwegen, Böhmen, Ungarn und Bulgarien zitterten vor seinen politischen und moralischen Stellungnahmen. Über England hatte er das Interdikt verhängt, das Verbot, Got-tesdienste zu halten und Sakramente zu spenden, und König Jakob mit der Exkommunikation ge-droht.

Hinzu kam der katastrophale Vierte Kreuz-zug. Die Kreuzfahrer hatten Jerusalem zurücker-obern sollen, stattdessen Konstantinopel, die Hauptstadt der östlichen Christenheit, geplündert und zerstört. Innozenz war von dieser Wende entsetzt, konnte sich jedoch die Kontrolle über die östliche Hälfte des alten Römischen Reiches und die orthodoxe Ostkirche sichern.

Franziskus mit seinem grenzenlosen Gottvertrauen wanderte trotzdem mit seinen elf Gefährten nach Rom. Seiner Gewohnheit gemäß, ernannte er einen anderen zum Leiter der Reisegruppe, nämlich Bernhard. Unterwegs machten sie oft zum Gebet Halt und erbettelten sich ihre Wegzehrung.

Die Petrusbasilika, die Kirche der Päpste. Das hier abgebildete heutige Gebäude wurde 1615 vollendet.

Ankunft in Rom

Als sie Rom erreichten, begaben sie sich sofort auf die Piazza vor dem Lateran, dem Epizentrum der geistlichen Macht Europas. Zur Linken lag der Papstpalast, in der Mitte die erste Basilika der Stadt und rechts ein achteckiges Baptisterium. Die Brüder gingen geradewegs auf die Basilika mit ihren Malereien, Mosaiken (namentlich von Christus dem Erlöser) und ihrem Altar zu, der Reliquien eines Tisches enthalten sollte, an dem der heilige Petrus die Messe gefeiert habe. Und da liefen

sie dank der Vorsehung Gottes ausgerechnet Bischof Guido von Assisi in die Hände.

Der Bischof war genauso verblüfft wie die Brüder und obendrein erschrocken, sie könnten seine Diözese verlassen wollen. Als sie ihm den Grund ihres Kommens nannten, war er erleichtert. Er machte sie mit seinem guten Freund, dem Kardinalbischof Johannes von Sankt

Paul, bekannt, was eine weitere glückliche Fügung war. Denn dieser gebildete, an der Kurie einflussreiche Mann war nicht nur der Beichtvater des Papstes, sondern konnte auch mit klarem Urteil Glaubenstreue und Häresie voneinander unterscheiden.

Obwohl dafür verantwortlich, die öffentlichen Ausgaben in Rom knapp zu halten, unterstützte er großzügig die Armen. Nach mehreren Aussprachen mit Franziskus war er bereit, die Brüder dem Papst vorzustellen.

Er soll zu einer Gruppe von Kardinälen und dem

Kirche gegen Staat

Innozenz III. (Lotario di Segni) trat 1198 mit 37 Jahren sein Amt an. Er begann unverzüglich seine Macht auf weltlichem wie kirchlichem Gebiet auszubauen. Zunächst entriss er den deutschen Fürsten die Macht in Italien, wie etwa Herzog Konrad in Assisi. Als nach dem Tod Kaiser Heinrichs IV. Otto IV. und Philipp von Schwaben um den Thron stritten, unterstützte Innozenz zunächst den einen, dann den anderen und vertrat, die deutschen Fürsten hätten zwar das Recht, ihren König und künftigen Kaiser zu wählen, aber das Recht, über die Würdigkeit des so Erwählten auf sein Amt zu entscheiden, stehe dem Papst zu.

Innozenz, bemüht, Feindseligkeiten zwischen christlichen Fürsten zu überwinden, belegte jeden, der nicht bereit war, seine Waffen niederzulegen, mit dem Interdikt, etwa Philipp August von Frankreich und Richard von England. Die Magna Charta der Engländer erklärte er für null und nichtig, weil sie auf dem Weg der Gewalt errungen worden sei. Er annullierte Königshochzeiten in Portugal, schlichtete Nachfolgestreitigkeiten in Norwegen und Ungarn und bereitete Kreuzzüge gegen die Mauren in Spanien und Häretiker in Frankreich vor. Aus seiner und anderer Päpste Sicht stand dem Stellvertreter Christi die Oberhoheit in der Welt zu.

Papst gesagt haben: „Ich habe einen höchst vollkommenen Mann gefunden, der nach der Form des heiligen
Evangeliums leben und sich in allen Dingen an die evan-
gelische Vollkommenheit halten möchte." Das war
keine geschickte Werbung für das Anliegen des Franziskus, denn den meisten Kardinälen dürfte der Tadel an
ihrem luxuriösen Lebensstil, der unausgesprochen im
Ideal von Franziskus steckte, nicht behagt haben. Einige
von ihnen hatten zudem schon Ausschreitungen von Häretikern, etwa den Katharern, miterleben müssen und
waren daher nicht gesinnt, eine „neue Lehre" gutzuhei-
ßen. Zur Überraschung aller ließ Innozenz Franziskus

Eine mittelalterli-
che „Karte" von
Rom von den Ge-
brüdern Limburg
(ca. 1415/1416).
Abgebildet sind
die heiligen Stät-
ten, die die Pilger
aufsuchten.

Die Leitung der Kirche

Aus der römischen Zentrale der katholischen Kirche war im Mittelalter zugleich das Zentrum eines europäischen Staates geworden. Der Papst als Oberhaupt stand der Kurie vor, einem Kabinett von Kardinälen. Die drei Hauptabteilungen der Kurie waren für Liturgie, Korrespondenz und Finanzen zuständig. Andere Kardinäle für Kirchenrechtsfragen und als Legaten und Diplomaten für die Außenpolitik. Der Papst heuerte sogar Söldnerheere an für Kriege gegen Herrscher wie etwa Friedrich II., der den Kirchenstaat bedrohte.

und seine Gefährten für den nächsten Tag zu einem Gespräch vorladen.

Audienz beim Papst

Äußerlich war es ein krasser Gegensatz, als die Bettelbrüder durch die Flure des prachtvollen Papstpalasts schritten und in ihrer schäbigen Kleidung vor die prunkvoll gekleideten Kardinäle und den Papst traten. Dennoch hatten Franziskus und Papst Innozenz etliches gemeinsam. Beide hatten viel Sinn für Musik, verfügten über schöne Stimmen und die Gabe der Beredsamkeit und hatten zudem einen guten Schuss Humor.

Den Papst beschäftigte stark der drohende Verfall der Kirche und das Anliegen, sie zu reformieren. Zuvor hatte er geträumt, der Papstpalast sei am Einstürzen und ein kleiner, schäbig gekleideter Mönch stütze ihn ab. Dies scheint ihm ein vertrauter Traum gewesen zu sein; auch Jahre später, kurz vor dem Besuch von Dominikus, dem anderen großen Reformer, begegnete er im Traum diesem Bild.

Innozenz reagierte auf das Anliegen von Franziskus und seinen Brüdern mit Wohlwollen, meldete jedoch einige Bedenken an: „Meine lieben jungen Söhne, euer Leben kommt uns außerordentlich hart und streng vor. Wir glauben zwar, dass für euch mit eurem Eifer eure

*Franziskus'
kindliche Liebe
zur Kirche von
Rom ist beson-
ders verblüf-
fend. Seine
Treue zu ihr
wankte nie."*

JULIAN GREEN,
BRUDER FRANZ, 1995

Lebensweise zweifellos richtig ist, aber wir müssen auch an die denken, die nach euch kommen werden. Ihnen könnte diese Lebensweise allzu beschwerlich werden."

Kardinal Johannes von Sankt Paul gab dem Papst und den Kardinälen zu bedenken: „Wenn wir das Anliegen dieses armen Mannes als neuartig oder zu schwierig ablehnen, wo er doch nur darum bittet, sein Leben genau nach dem Evangelium zu führen, dann müssen wir aufpassen, dass wir uns nicht am Evangelium unseres Herrn Jesus Christus versündigen." Wenn jemand sage, des Franziskus' Ideen seien unvernünftig oder unmöglich, gelte das Gleiche auch für die Lehre Christi über die Armut und wäre folglich „eine Blasphemie gegen Christus".

Wie sah Franziskus aus?

Es gibt aus dem 13. Jahrhundert mehrere Franziskus-Porträts. Das von Cimabue in der Franziskus-Basilika in Assisi wird von vielen Historikern als ehestens wahrheitsgetreu gehalten. Cimabue malte es 1265, also rund vierzig Jahre nach Franziskus' Tod, als noch etliche derer lebten, die ihn gekannt hatten. Es entspricht der Beschreibung von Thomas von Celano:

Er war … eher klein (seine Skelettreste bestätigen eine Größe von ca. 1,60 m); sein Kopf war von mittlerer Größe und rund. Sein Gesicht war länglich, seine Stirn klein und glatt. Er hatte mittelgroße schwarze, klare Augen. Sein Haar war schwarz; … seine Ohren waren klein und senkrecht und seine Schläfen sanft … Seine Zähne waren weiß (was bei seiner Exhumierung 1978 besonders auffiel), wohlgesetzt und gleichmäßig, seine Lippen klein und dünn; sein Bart war schwarz und dünn; … seine Schultern waren aufrecht, seine Arme kurz, seine Hände klein, seine Finger lang und deren Nägel spitz zulaufend. Er hatte dünne Beine, große Füße, eine zarte Haut und wenig Fleisch.

Papst Innozenz blieb skeptisch: „Mein Sohn, betet zu Christus, damit er uns durch euch seinen Willen zeige. Sobald wir es mit größerer Gewissheit wissen, werden wir zuversichtlich euren heiligen Wunsch billigen."

So widmeten sich Franziskus und seine Gefährten während der nächsten Tage dem Gebet. Sie besuchten täglich die Messe in einer der vier Hauptbasiliken der Stadt: Sankt Johannes im Lateran, Sankt Peter, Sankt Paul vor den Mauern und Santa Maria Maggiore. Eines Nachts hatte Franziskus wiederum eine Vision. Er schilderte sie bei der nächsten Audienz dem Papst:

„In der Wüste lebte eine kleine, arme, wunderschöne Frau, deren Schönheit einen großen König entzückte. Er wollte sie sich zur Frau nehmen, weil er dachte, dass sie ihm prächtige Söhne gebären werde. Sie hielten Hochzeit und verkehrten ehelich miteinander und es kamen viele Söhne zur Welt und wuchsen auf.

Ihre Mutter sprach zu ihnen folgendermaßen: ,Meine Söhne, schämt euch nicht, denn ihre seid Söhne des Königs. Geht daher an seinen Hof und er wird euch alles geben, was ihr braucht.‘

Als sie vor den König traten, war er von ihrem schönen Aussehen betroffen. Er merkte, dass sie ihm ähnlich waren und fragte sie: ,Wessen Söhne seid ihr?‘

Als sie zur Antwort gaben, sie seien die Söhne der kleinen armen Frau, die in der Wüste lebe, nahm sie der König mit großer Freude in die Arme. ,Fürchtet euch nicht‘, sagte er, ,denn ihr seid meine Söhne. Wenn sogar Fremde an meinem Tisch Nahrung finden, dann umso mehr ihr, die ihr meine rechtmäßigen Söhne seid.‘

Hierauf schickte er an die Frau die Weisung, alle Kinder, die sie geboren habe, an den Hof zu schicken, damit sie dort ernährt würden."

Sodann erklärte Franziskus dem Papst: „Mein Herr, ich bin diese kleine Frau, die der liebevolle Herr in seiner Barmherzigkeit erwählt und durch die es ihm gefallen hat, rechtmäßige Söhne zur Welt zu bringen. Der König der Könige hat zu mir gesagt, er werde alle Söhne ernähren, die ich ihm gebäre, denn wenn er sogar Fremden Nahrung gebe, müsse er sie erst recht seinen eigenen Angehörigen geben."

Franziskus verband mit dieser Aufforderung eine Reihe von Zusicherungen. Anders als die Reformbewegungen, die der Kurie große Kopfschmerzen bereiteten, werde er keine neue Lehre bringen oder die Sakramente der Kirche herabsetzen. Er werde auch den Klerus und die Bischöfe achten. Der Papst zögerte immer noch, aber schließlich gab er Franziskus informell – und ausdrücklich ohne jedes schriftliche Dokument – die Erlaubnis für seine Lebensform und dafür, „allen die Buße zu predigen". In einigen Jahren solle er wiederkommen: „Falls der allmächtige Gott euch an Zahl und Gnade mehrt, kommt wieder zu uns. Dann werden wir euch mehr gewähren und euch mit größeren Aufgaben betrauen."

Der Papst wollte, dass Franziskus zum Diakon geweiht werde. Damit konnte er in der Kirche das Evangelium vorlesen (allerdings nicht die Sakramente spenden). Außerdem sollten Franziskus und seine Gefährten wie alle Ordensleute die Tonsur tragen, den runden Haarkranz, der wenigstens einmal monatlich geschnitten wurde.

Mit diesem Bescheid wanderte die Gemeinschaft nach Assisi zurück, in der Absicht, die Welt zu verändern. Auf dem Rückweg begann Franziskus einen weiteren geheimnisvollen Traum zu verstehen, den er unterwegs gehabt hatte. Darin war über ihm ein dicker, hoher Baum aufgeragt. Während er seine Größe und Schönheit bewunderte, wurde er selbst plötzlich immer größer, bis er so hoch wie der Baum war. Als er diesen berührte, ließ er sich ganz leicht zu Boden beugen. So erkannte Franziskus

Die Basilika Santa
Maria Maggiore
in Rom aus dem
4. Jh. ist die
größte Kirche, die
der Lieblingsheili-
gen des Franzis-
kus geweiht ist.

mit einer Mischung aus Befriedigung und Stolz, dass sich der hochragende Baum des Papsttums tatsächlich seinen Wünschen gebeugt hatte. Er war letzthin einflussreicher als jeder Ritter geworden.

Nach ihrer Heimkehr machten sie das ungefähr anderthalb Kilometer von Portiunkula gelegene Rivo Torto zu ihrem neuen Wohnort. Den Winter 1209 über lebten sie dort in einer verlassenen Hütte, kaum groß genug für alle. Franziskus schrieb an die Balken die Namen der Brüder, um jedem seinen Platz zum Beten und Schlafen zuzuweisen.

Das Leben war nicht einfach. „Der Ort war so eng, dass sie kaum sitzen oder schlafen konnten", berichtet die Legende der drei Gefährten. Zuweilen bestand ihre einzige Mahlzeit aus den Rüben, die sie erbettelt hatten.

Jedoch, „hörten sie kaum jemals auf, zu Gott zu beten und ihn zu preisen" (Thomans von Celano). Wenn sie während des Gebets einzuschlafen drohten, stützten sie sich mit Stöcken ab, um nicht umzusinken. Einige banden sich mit Schnüren am Boden fest, um sich nicht nachts im Schlaf zu wälzen und ihren Bruder zu stören, der womöglich betete. Dennoch waren sie durchaus nicht untadelig. Zuweilen aßen oder tranken sie mehr, als sie für richtig hielten. Zuweilen führte sie die Erschöpfung in die Versuchung, in ihrer Disziplin nachzulassen. Dann befiel sie Reue und sie züchtigten ihren Körper, damit er ihren anspruchsvollen Wünschen gehorche.

Tagsüber hielten sie meistens heiliges Schweigen, sprachen also kaum miteinander, um sich nicht eitlen Geschwätzes schuldig zu machen. Ihre Blicke hielten sie zu Boden gesenkt, um von den Umstehenden nicht vom Gebet abgelenkt zu werden.

Franziskus sprach täglich mit jedem über seinen geistlichen Zustand und, so Thomas, „verschwand aus ihren Herzen jegliche Nachlässigkeit". Er achtete auch streng auf sich selbst „und war zu jeder Stunde auf der Hut". Wenn ihn eine Versuchung überkam, warf er sich in ein eisiges Gewässer und verharrte darin, „bis jede Versuchung des Fleisches aufhörte".

Eines Tages kam ein Bauer mit einem Esel daher und trieb diesen mit den Worten in die Hütte: „Hinein mit dir. Da drin können wir gut bleiben." Franziskus wandte sich an seine Brüder und sprach: „Brüder, ich weiß, dass Gott uns nicht berufen hat, eine Wohnstatt für einen Esel herzurichten oder mit anderen Menschen zusammen zu sein." Hierauf zogen sie alle aus. Sie verbrachten kurze Zeit bei einigen Aussätzigen und bekamen schließlich von den Benediktinern die Erlaubnis, am Kirchlein von Portiunkula Quartier zu nehmen.

„Franziskus schien (in Rivo Torto) mit neuer Glut erfüllt zu werden und wollte sich wie ein tapferer Ritter mitten ins Gefecht stürzen."

PAUL SABATIER,
VIE DE S. FRANÇOIS D'ASSISE, 1894

Die Erste Regel

Im Lauf des folgenden Jahrzehnts weitete sich die Gemeinschaft von Franziskus zahlenmäßig und geografisch ungeheuer aus. Aus den zwölf Brüdern, die außerhalb von Assisi gemeinsam lebten, wurde ein Orden, der allgemein als Franziskanerorden bezeichnet wurde. Seine Tausende von Mitgliedern konnte man von England bis Afrika und von Portugal bis Ungarn finden. Dieses rapide Wachstum ließ keinem der Brüder Zeit, die Ereignisse dieser Jahre schriftlich festzuhalten. Daher enthalten frühe Biografien viele Fakten, die die Historiker nicht mehr zeitlich oder auch nur in ihrer Reihenfolge richtig einordnen können.

Sogar die informell vom Papst gebilligte Regel wurde während dieser Jahre mehrfach überarbeitet. Aus dem informellen Leitfaden, mit dem sie 1209 vom Papst zurückkehrten, wurde bis Pfingsten 1221 ein formelles Dokument, das man heute als die „Erste Regel" (oder „Nicht bullierte Regel") bezeichnet. Trotz einiger historischer Unklarheiten offenbart ein genauerer Blick in diesen Text das Wesentliche der Vision des Franziskus. Er lässt zudem ahnen, was Männer und bald auch Frauen in ganz Europa dazu inspirierte, sich ganz dieser offensichtlich strengen Lebensordnung zu verschreiben.

Gehorsam

In der Regel heißt es: „Die Regel und das Leben dieser Brüder ist dies: nämlich in Gehorsam, in Keuschheit und ohne irgendetwas Eigenes zu leben und der Lehre und den Fußspuren unseres Herrn Jesus Christus zu folgen." Franziskus wurde in erster Linie für sein Armutsideal berühmt, aber in Wirklichkeit stand für ihn an oberster Stelle das Gehorsamsgelübde.

Der Gehorsam galt zuerst einmal für die Brüder und auch für Franziskus selbst, denn, so heißt es in der Regel: „Bruder Franziskus und wer immer das Haupt dieser Religion (d. h. dieses Ordens) sein wird, verspricht Gehorsam und Ehrerbietung dem Herrn Papst Innozenz und seinen Nachfolgern." Sodann sollten „alle Brüder gebunden sein, dem Bruder Franziskus und seinen Nachfolgern zu gehorchen." Der Gehorsam war derart wichtig, dass zuweilen das gesamte franziskanische Leben mit diesem einen Wort zusammengefasst wird; etwa, wenn die Regel davon spricht, dass neue Brüder „in den Gehorsam aufgenommen werden".

Es handelte sich um keinen geistlosen Gehorsam: „Wenn einer der Diener (das war die Bezeichnung für die Vorgesetzten) einem der Brüder etwas befiehlt, was gegen unser Leben oder seine Seele ist, so ist dieser nicht zum Gehorsam verpflichtet, weil der Gehorsam nicht etwas ist, mit dem man einen Fehler oder eine Sünde begeht."

Aber abgesehen von dieser Ausnahme erwartete Franziskus in allen Dingen sofortigen Gehorsam: „Führt einen Befehl unverzüglich aus", sagte er zu seinen Brüdern, „und wartet nicht, bis er wiederholt wird. Widersprecht nicht und wendet nicht ein, etwas in einem Befehl sei unmöglich."

In diesem Punkt wurde Franziskus mit seinen Brüdern oft ungeduldig. Eines Tages platzte er mit dem Spruch heraus: „Auf der ganzen Welt gibt es wohl keinen einzigen Ordensmann, der seinem Oberen gut gehorcht!" Die gerade anwesenden Brüder waren bestürzt und baten ihn: „Sag uns, Vater, was ist die vollkommene und beste Form des Gehorsams?" Er erwiderte: „Nehmt einen Leichnam und legt ihn hin, wohin ihr wollt. Ihr werdet sehen, dass er sich widerstandslos bewegen lässt und sich nicht beschwert ... oder womöglich bittet, in Ruhe gelassen zu werden!"

Für Franziskus war der Gehorsam die Grundlage der Demut, der Kardinaltugend eines Franziskaners. Darum

Franziskus und
seine ersten zwölf
Brüder erhalten
den Segen Inno-
zenz' III. für ihre
Lebensform.
(Manche Histori-
ker sagen, es
seien nur elf Brü-
der gewesen, also
zusammen mit
Franziskus zwölf.)
Fresko von Giotto
di Bondone in
der Bardi-Kapelle
in Santa Croce,
Florenz.

ernannte er, wenn eine Wanderung zu unternehmen war, immer einen anderen Bruder zum Leiter der Gruppe, damit auch er selbst den Gehorsam praktizieren konnte. Er lehnte den üblichen Titel „Prior" („Erster") ab und verwendete für die Verantwortlichen im Orden die Bezeichnung „Minister" („Diener"). Und die Brüder sollten einander ohne Rücksicht auf ihren Rang gegenseitig die Füße waschen.

Wenn ein Bruder

einen anderen verletzt oder gereizt hatte, musste er sich bei ihm entschuldigen, indem er ihm die Füße küsste.

Der Gehorsam war nicht etwas Passives oder etwas, das ein Oberer selbstherrlich verlangen konnte, sondern die Brüder boten ihn einander als Geschenk an: „Kein Bruder soll einem anderen etwas Schlechtes antun oder sagen, sondern vielmehr sollen sie einander freiwillig in der Liebe des Heiligen Geistes dienen. Das

ist der wahre und heilige Gehorsam unseres Herrn Jesus Christus."

An die Unterordnung war eine andere Pflicht gekoppelt: Die Brüder zogen einander und ihre Oberen zur Verantwortung. Sie sollten sie ermahnen, „falls sie sehen, dass irgendeiner von ihnen gemäß dem Fleisch wandelt und nicht gemäß dem Geist, indem er sich an die Unversehrtheit unseres Lebens hält."

Franziskus erkannte, dass das Achten auf die Sünden der anderen die Brüder leicht zur Selbstgerechtigkeit verführen konnte. So fügte er in der Regel hinzu, dass sowohl Minister wie Brüder „sorgfältig darauf achten sollen, sich nicht von der Sünde oder dem Bösen eines anderen verwirren oder erzürnen zu lassen, denn der Teufel möchte viele verderben, indem er ihnen die Fehler anderer vorhält."

Die wechselseitige Aufsicht über das geistliche Leben des anderen sollte den anderen nicht beschämen wollen, sondern aus der ehrlichen Sorge geschehen, damit jeder an geistlicher Reife zunehme.

Darüber hinaus wies Franziskus seine Brüder an,

Franziskus (im Kreis) erscheint wunderbarerweise einer Versammlung von Franziskanerbrüdern in Arles in Frankreich. Altarbild in der Bardi-Kapelle in Santa Croce, Florenz; Bonaventura Berlinghieri zugeschrieben.

einander zu helfen und zu führen: „Der eine möge den anderen vertrauensvoll wissen lassen, was ihm fehlt, damit er ihm helfen kann." Und: „Jeder soll seinen Bruder mit den Gaben, die Gottes Gnade ihm geschenkt hat, so lieben und umsorgen, wie eine Mutter ihren Sohn liebt und umsorgt."

Das machte Franziskus selbst schon früh in der Zeit in Rivo Torto vor. Dort waren sie einmal mitten in einer besonders strengen Fastenzeit, als gegen Mitternacht einer der Brüder zu schreien begann: „Ich sterbe! Ich sterbe!" Die anderen Brüder wachten davon erschrocken auf.

Man entzündete eine Lampe und Franziskus fragte den betreffenden Bruder: „Was hast du? Warum stirbst du?" Der klagte: „Ich sterbe vor Hunger!" Daraufhin ließ Franziskus auf der Stelle eine Mahlzeit herrichten und alle speisten gemeinsam mit dem Bruder. Als sie damit fertig waren, sagte er: „Meine Brüder, ich sage euch, ein jeder muss auf seine Kräfte achten. Wenn einer womöglich mit weniger Nahrung auskommt als ein anderer, so möchte ich nicht, dass derjenige, der mehr braucht, sich anstrengt, es ihm gleichzutun … Zwar müssen wir uns beim Essen vor zu großen Zugeständnissen hüten, die Körper und Geist schaden würden, aber noch mehr sollten wir uns vor übertriebener Zurückhaltung hüten, denn der Herr will Barmherzigkeit, nicht Opfer."

So mäßigte Franziskus seine Gehorsamsforderung mit Barmherzigkeit.

Gottesdienst und Arbeit

Nach landläufiger Vorstellung waren Franziskus und seine Brüder sorglose Naturliebhaber, die Blumen pflückend durch die Gegend wanderten, mit den Vögeln sangen und Gedichte über die Wunder der Natur verfassten. Für derlei „Frivolitäten", wie die Brüder sie genannt hätten, hatten sie in Wirklichkeit kaum Zeit. Statt sich selbstgenießerisch auf sonnigen Wiesen zu räkeln, gaben sie sich vollständig Gott und den Menschen hin.

Als ihre Hauptarbeit betrachteten sie das Gebet, und zwar das von der Kirche vorgeschriebene regelmäßige Stundengebet. In der Regel heißt es: „Alle Brüder, ob Kleriker oder Laien, sollen das Göttliche Offizium rezitieren, die Lobpreisungen und Gebete, die ihnen aufgetragen sind." Dieses kirchliche Stundengebet bestand zu dieser Zeit aus sieben gleichmäßig über den ganzen Tag verteilten Gebetszeiten (auch „Horen", also „Stunden" genannt): Matutin (oder Laudes), Prim, Terz, Sext, Non, Vesper und Komplet. Da es sich um ein liturgisches Gebet handelte, wurde es auf Latein gesprochen (oder gesungen). Da viele Brüder kein Latein konnten, ordnete Franziskus an, dass sie stattdessen jeweils das Glaubensbekenntnis und eine bestimmte Anzahl Vaterunser mit dem „Ehre sei dem Vater" beten sollten, nämlich zur Matutin 24 und zu den anderen Horen je sieben.

Dominikus mit einigen seiner Brüder. *Aus dem Leben des heiligen Dominikus* (Italien, frühes 14. Jh.).

Bei den sieben Horen lasen die Brüder auch jeweils einen Abschnitt aus der Bibel. Insgesamt beteten sie dabei wöchentlich alle 150 Psalmen und im Lauf von zwölf Monaten lasen sie jeweils einmal die ganze Bibel.

Franziskus verfasste für das Stundengebet auch eigene Texte, namentlich das sogenannte Offizium vom Leiden des Herrn, das seine Brüder auswendig lernen sollten.

Diese vorgeschriebenen Gebete beschränkten die Brüder nicht auf einen bloß formellen Umgang mit Gott. Von etlichen Brüdern ist überliefert, dass sie zuweilen in mystische Verzückung gerieten oder ihnen Visionen zuteil wurden. Es ist schlecht einzuschätzen, wie weit sie dem Bereich des Legendären zuzuweisen sind. Zentral sind sie für die franziskanische Spiritualität jedenfalls nicht. Franziskus

Der neue Orden des Dominikus

Der Spanier Domingo de Guzman (1170–1221) war ein Zeitgenosse von Franziskus und lernte ihn persönlich kennen und schätzen. Als Domherr war er an einer Bekehrungsaktion der Katharer im Languedoc beteiligt. Mit Entsetzen erlebte er, wie man diese mit Überheblichkeit und Gewalt bekehren wollte. Das weckte in ihm die Berufung, den Ketzern den Rang abzulaufen, indem er deren berechtigte Ideale – namentlich das der Armut und Einfachheit – aufgriff und im Rahmen der Kirche verwirklichte. So entstand schließlich der Dominikanerorden. Dominikus legte besonderen Wert auf eine gute Ausbildung seiner Brüder, denn sie sollten in der Lage sein, in Predigten und Diskussionen den katholischen Glauben

überzeugend zu erklären. Von daher wurde sein Orden bei seiner Bestätigung durch den Papst 1215 als der „Predigerorden" bezeichnet (OP = Ordo Praedicatorum). Nach Tod (1221) und Heiligsprechung (1234) des Dominikus wuchs der Orden im selben Jahrhundert bis auf 12.000 Mitglieder an. Sein bekanntestes Mitglied sollte der heilige Thomas von Aquin werden. Auch Mystiker wie Meister Eckhart und – in seinem weiblichen Zweig – Caterina von Siena brachte der Orden hervor.

Leider kam der Orden später von seinen Grundsätzen ab, die Ketzer mit Demut und Argumenten zu überzeugen. Er ließ sich von den kirchlichen Autoritäten in Dienst nehmen, um die „Inquisition" zu organisieren, bei der man die Ketzer mit politischer und sozialer Gewalt unter Druck setzte, mit fragwürdigen Mitteln aufspürte, gnadenlosen Tribunalen auslieferte und sie grausam vernichtete.

„Die Brüder sollen darauf achten, nicht als traurige und düstere Heuchler aufzutreten, sondern froh und heiter und immerdar gütig."

FRANZISKUS, ERSTE
REGEL, 1209/10–1221

„Franziskus war kein systematischer Theologe mit einer klaren Armutslehre. Er zog es vor, seine Überzeugung im konkreten Tun zu leben, statt es bei bloßen Worten zu belassen."

WILLIAM S.
STAFFORD, VIRGINIA
THEOLOGICAL SEMI-
NARY, *CHRISTIAN
HISTORY* MAGAZINE,
1994

wies seine Brüder nie an, mystische Erfahrungen anzustreben. Und sosehr er ihnen das Gebet ans Herz legte, war ihm etwas anderes genauso wichtig: „Alle Brüder sollen sich unablässig um gute Werke bemühen, denn es steht geschrieben: ‚Tut immer etwas Gutes, damit der Teufel euch beschäftigt findet.' Und wiederum: ‚Müßiggang ist ein Feind der Seele.' Die Diener Gottes müssen sich darum immer dem Gebet oder irgendeinem guten Werk widmen." So versahen die Brüder immer, wenn sie nicht gerade beim Gebet und Gottesdienst waren, bestimmte Dienste, indem sie etwa Aussätzige besuchten, auf den Feldern halfen, Kranke pflegten, Familien in Not unterstützten usw.

Armut

Der Vorfall, bei dem in Rivo Torto der Mann mit dem Esel die Brüder aus der Hütte vertrieben hatte, könnte Franziskus zur Niederschrift eines weiteren Schlüsselsatzes seiner Regel angeregt haben: „Wo immer die Brüder sein mögen, ob in Einsiedeleien oder anderswo, sollen sie sorgfältig darauf achten, dass sie sich keinen Ort zu eigen machen oder mit irgendjemand über ihn streiten. Sie sollen jeden, der zu ihnen kommt, ob Freund oder Feind, Dieb oder Räuber mit Güte aufnehmen." Franziskus wollte um jeden Preis die Armut erhalten. Sie

Vorige Seiten:
Franziskus
schenkt einem
armen Ritter
seinen Mantel,
von Giotto di
Bondone. Dass
Franziskus Be-
dürftigen seinen
Mantel geschenkt
habe, wird öfter
berichtet. In man-
chen Fällen soll er
sogar alle seine
Kleider ausgezo-
gen und hergege-
ben haben.

ging Hand in Hand mit der Demut, die er mit seinen Brüdern einüben wollte. Außerdem war es seine Art, eine Welt zu verwandeln, in der fast alle darauf aus waren, möglichst viel Eigentum zu erwerben und ihren Besitzstand zu mehren.

In eine Einsiedelei nördlich von Borgo San Sepulcro kamen regelmäßig einige Räuber und baten die Brüder um Brot. Nach einiger Zeit stellten sie sich die Frage, ob sie wirklich Straßenräubern, die den Menschen alles Böse antaten, Almosen geben sollten. So fragten sie Franziskus um Rat.

Wie gewöhnlich verblüffte Franziskus sie. Er sagte ihnen, sie sollten nicht warten, bis die Räuber wiederkämen, sondern ein Mahl bereiten, die Räuber suchen und sie zum Essen einladen. „Legt ein Tischtuch auf den Boden, stellt Brot und Wein darauf und bedient sie mit Demut und guter Laune." Wenn dann die Räuber guter Dinge seien, sollten sie sie um eine Gunst bitten: „Sie sollen euch versprechen, dass sie keinen Menschen schlagen und niemandem Böses antun."

Das taten die Brüder nicht nur einmal, sondern regelmäßig. Und jedes Mal ließen sich die Brüder von den

Alles ist uns nur von Gott geliehen

Eine Geschichte bei Thomas von Celano illustriert, wie Franziskus den Besitz sah. Als er einmal mit einem Bruder zusammen einem nur spärlich bekleideten Armen begegnete, sagte er: „Wir müssen diesem Armen den Mantel zurückgeben, der ihm gehört. Denn wir haben ihn nur geliehen bekommen, bis wir jemanden finden, der noch ärmer ist als wir."

Der Bruder widersprach energisch und sagte, Franziskus dürfe sich nicht derart der Witterung aussetzen, um diesem Armen zu helfen. Aber Franziskus bestand darauf. Seiner Auffassung nach war ihm alles, was er hatte, von Gott so lange geliehen, bis jemand anderer es dringender brauchte als er.

Räubern versprechen, wieder eine bestimmte Einzelheit ihres Gewerbes aufzugeben. Es wird erzählt, dass diese tatsächlich Schritt für Schritt von ihrem Tun abließen und am Ende in den Orden eintraten.

Diese grenzenlose Weitherzigkeit der Brüder gründete in ihrer vollkommenen Freiheit von Besitztum. Die Brüder verzichteten nicht nur darauf, etwas als ihr persönliches Eigentum anzusehen, selbst nicht den geringsten Alltagsgegenstand, sondern die Regel verbot auch, dass der Orden Land oder Gebäude besitze. Wo immer sie lebten oder sich aufhielten, blieben sie auf die Einladung und Gastfreundschaft – und die Laune – anderer angewiesen. Als sei es nicht schon schwer genug, sich vorzustellen, wie der Unterhalt für die Mitglieder des rasch anwachsenden Ordens aufgebracht werden sollte, fügte Franziskus noch hinzu: „Keiner der Brüder …, wo immer er sei oder gehe, soll in irgendeiner Weise Münzen oder Geld anfassen, tragen, annehmen oder annehmen lassen, weder für Kleidung, noch für Bücher oder zur Bezahlung von einer Arbeit."

War ein Bruder krank oder brauchte ein Aussätziger sofort ärztliche Behandlung, so gestattete Franziskus, in diesem Fall um Geld für den Arzt oder Medizin betteln zu dürfen. Aber dann solle es ein anderer in ihrem Namen annehmen. Sie selbst dürften es nie berühren. Auch sollten sie sich nicht mit einem Bettler sehen lassen, der um Geld bettle.

Für die, welche gegen diese Regel verstoßen sollten, bot er seine strengsten Worte auf: „Sollte es vorkommen, was Gott verhüten möge, dass ein Bruder doch Geld sammelt oder Münzen oder Geld bei sich hat …, so sollen ihn alle Brüder als falschen Bruder, Apostaten, Dieb und Räuber ansehen."

Für diejenigen, die diese Regel brachen, sah er auch einige seiner strengsten Strafen vor. In der *Compilatio Assisiensis* wird erzählt, eines Tages habe ein Mann die Kirche von Portiunkula betreten, darin gebetet und beim Kreuz eine Geldspende niedergelegt. Später habe ein

Bruder unbedacht das Geld aufgehoben und auf einen Fenstersims gelegt. Aber Franziskus habe davon erfahren und der Bruder habe ihn inständig um Vergebung gebeten und gesagt, wenn es sein müsse, könne er ihn deswegen sogar auspeitschen. Aber Franziskus habe sich nicht so leicht besänftigen lassen. Zunächst habe er den Bruder scharf getadelt und ihm hierauf befohlen, das Geld mit dem Mund vom Fenstersims zu nehmen, es zu einem Haufen Eselmist zu tragen und dort hinzuwerfen.

Franziskus hielt Geld für eine Art Droge, die die Seele auf die gleiche Art süchtig mache und zerstöre, wie wir heute die Wirkung von Heroin oder Kokain auf den Körper einschätzen. Seiner Ansicht nach konnte man Geld nicht mäßig oder „locker" gebrauchen, ohne schließlich doch die Seele in seine Knechtschaft zu bringen. Er verstand Jesu Weisungen wörtlich: man könne nicht Gott und dem Mammon dienen, und: seinen Mantel herzugeben, wenn man darum gebeten werde.

Erzählungen darüber, wie Franziskus Dinge hergab, insbesondere seinen Mantel, gibt es in den frühen Biografien in Fülle. An einem Wintertag wandte sich eine alte Frau an Franziskus und seinen Gefährten, als sie gerade im Bischofspalais in Celano weilten. Sie bat ihn um ein Almosen, aber Franziskus nahm das große Stück Stoff ab, das er zum Wärmen um den Hals trug und gab ihr dieses mit den Worten: „Geh und mach dir ein Hemd daraus. Du brauchst es dringend." Die alte Frau hielt das für einen Scherz und lachte. Aber als ihr Franziskus den Stoff weiterhin entgegenstreckte, ergriff sie ihn jäh und eilte davon. Beim Zuschneiden des Stoffs merkte sie, dass er nicht ausreichte. So ging sie noch einmal zu Franziskus und erklärte ihm das Problem. Da wandte dieser sich mit der Frage an seinen Gefährten: „Bruder, hörst du, was diese Frau sagt? Lass uns um der Liebe Gottes willen die Kälte aushalten!" Hierauf gaben die beiden der Frau ihre Oberkleider und behielten nur die Unterkleidung an.

Ehelose Keuschheit

Die ehelose Keuschheit war ein weiterer Wesenszug des Lebens der Brüder – wie sie es über tausend Jahre lang zur Lebensform von Einsiedlern oder Klostermönchen und Nonnen gehörte. Ihr eigentlicher Sinn bestand für Franziskus im Freisein, in diesem Fall im Freisein von einer Leidenschaft, die genau wie jede andere Leidenschaft dazu neigt, die Energie der Menschen von tugendhafteren Zwecken abzuziehen.

So mieden die Brüder schon von Weitem alle Umstände, die sie in die Versuchung hätten führen können,

Die Versuchungen des Franziskus

Franziskus gab bereitwillig zu, selbst von all dem versucht zu werden, wovor er seine Brüder warnte.

Als er schon sehr bekannt geworden war und die Leute seine Kleider berühren wollten, erwiderte er ihnen, er sei noch lange kein Heiliger, denn er werde immer noch von der Versuchung geplagt, „Söhne und Töchter in die Welt zu setzen".

Trotz seiner spirituellen Fortschritte – oder vielleicht ihretwegen – empfand er weiterhin, wie Thomas von Celano es formulierte, *„eine gewaltige Versuchung zur Lust"*. Als sie ihn an einem Wintertag während des Gebets in der Einsiedelei von Sarteano befiel, zog er seine Kleider aus und „schlug sich wütend" mit einer Peitsche. Er hieß seinen Körper „Bruder Esel" und schalt ihn wegen seiner lustvollen Leidenschaften.

Einmal warf er sich nackt in den tiefen Schnee. Sodann baute er sieben Schneemänner und hielt sich selbst die Predigt: „Schau, der große ist deine Frau, und diese vier sind deine zwei Söhne und deine zwei Töchter; die anderen zwei sind dein Knecht und deine Magd, die du brauchst, um sie zu versorgen. Und jetzt schnell, besorge ihnen Kleider, sonst frieren sie sich zu Tode! Wenn dir die Sorge um sie aber zu schwierig ist, dann diene gefälligst nur einem Herrn!"

Franziskanerbrü-
der beim Chorge-
bet. Illustration
aus dem Psalter
Richards II.

ihre Gelübde zu brechen: „Wo immer sie sein oder gehen
mögen, sollen die Brüder ungute Blicke und das Zusam-
mensein mit Frauen meiden. Niemand soll Frauen um
Rat fragen, allein mit ihnen reisen oder aus der gleichen
Schüssel mit ihnen essen." Der Grund dafür war nicht,
weil die Frauen an sich böse seien, sondern weil die
Natur des Menschen nun einmal so sei, dass sich eines
ums andere ergebe. Wenn man in allem vollkommen

frei sein wolle, sei es am besten, gleich an der Quelle alles zu meiden.

Aber wie die Geschichte der Askese zeigt, ist diese Freiheit nur sehr schwer zu erlangen. Das bekamen auch Franziskus' Brüder zu spüren. So wurden schon in Rivo Torto zwar manchen mystische Erhebungen zuteil, aber zugleich blieb für sie die Lust eine häufige und verwirrende Versuchung. Ihr regelmäßiges Gegenmittel war, sich im Winter in ein eiskaltes Gewässer zu stürzen, im Sommer sich zu geißeln.

Durch und durch katholisch

„Alle Brüder sollen als Katholiken leben und sprechen", heißt es in der Regel. Für Franziskus war die Treue zu allem Katholischen der entscheidende Loyalitätstest: „Ist jemand in Wort oder Tat vom katholischen Glauben und Leben abgewichen und hat seinen Weg nicht gebessert, so soll er aus der Bruderschaft ausgestoßen werden."

Das war nicht nur eine Frage der Loyalität und Ehrerbietung, sondern des Gehorsams gegenüber etwas Größerem als einem selbst: „Lasst uns alle Kleriker und Ordensleute als unsere Herren ansehen in allem, was die Rettung unserer Seele betrifft und nicht von unserer Lebensweise wegführt." Das war keine bloße politische Strategie zur Vorsorge gegen Vorwürfe der Häresie und des Schismas. Vielmehr war es ein weiteres Mittel dafür, zur Demut zu erziehen.

Franziskus war nicht blind. Er nahm die enormen Missstände auf allen Ebenen der Kirche in den Blick. Schließlich verstand er seine Sendung ja auch darin, zur Reform der Kirche beizutragen. Er wusste, dass die Priester Konkubinen hatten, die Bischöfe habsüchtig möglichst viel Landbesitz an sich rissen, die Prälaten im Luxus lebten und der Papst machtgierig war. Dennoch wies er seine Brüder an, sooft sie einem

„Alle mögen vor Ehrfurcht erbeben, die ganze Welt zittere, die Himmel sollen jubeln: Christus, der Sohn des lebendigen Gottes, ist am Altar in der Hand des Priesters gegenwärtig!"

FRANZISKUS, *BRIEF AN DEN GANZEN ORDEN*, 1225–1226

Priester begegneten, sollten sie ihm ohne Rücksicht auf seinen Ruf die Hand küssen und falls er zu Pferd sitze, seine Steigbügel. Denn zum einen verwalteten die Priester das Altarsakrament, das Christus leibhaftig den Menschen bringe. Und zum anderen könne jeder vernünftige Mensch diejenigen ehren, die Ehre verdienten, jedoch nur demütige Menschen könnten das tun, was Franziskus von ihnen verlange.

„Falls sie die Rettung der Menschen verhindern, … steht die Rache Gott zu, der sie zu seiner Zeit strafen wird … Wenn ihr Söhne des Friedens seid, gewinnt ihr Klerus und Volk, und das wird Gott besser gefallen, als wenn ihr nur das Volk gewinnen und euch vom Klerus entfernen würdet. Verbergt ihre Fehler und macht ihre vielen Mängel gut; und wenn ihr das getan habt, dann seid noch demütiger als vorher."

Die Regel förderte also von Anfang bis Ende die Demut. Für Franziskus galt Demut deshalb als höchste Tugend, weil sie mehr als jede andere Tugend die Seele dafür bereitete, Gott zu empfangen und zu preisen.

Die Regel war als Instrument gedacht, um jede menschliche Regung, die Gott im Weg stand, auszumerzen. Aus diesem Grund sagte Franziskus: „Lasst uns unseren Leib mit seinen Lastern und Sünden hassen, denn dadurch, dass wir nach dem Fleisch leben, möchte uns der Teufel von der Liebe zu Jesus Christus und vom ewigen Leben wegziehen." Die Rede vom „Hassen des Leibes" war im Mittelalter allgemein üblich. Sie förderte leider eine sehr negative Einstellung gegenüber dem Körper, den man mit Selbstgeißelung, extremem Fasten und anderen Praktiken niederzuhalten versuchte. Auch Franziskus machte sich in dieser Hinsicht schuldig. Seine Selbstkasteiungen trugen zu seinem relativ frühen Tod mit 46 Jahren bei. Aber was die mittelalterliche Welt bei all dem als richtig erfasste, war, dass der Körper mit seiner zügellosen Gier nach Nahrung, Schlaf, Ruhe und Sex oft die vollkommene Hingabe an Gott wesentlich behindert.

Man muss fairerweise sagen, dass Franziskus und die meisten mittelalterlichen Ratgeber keine Dualisten waren. Sie vertraten, den Körper in eine harte Disziplin nehmen zu müssen, sahen ihn aber nicht als Quelle des Bösen an. Mit einem freien Jesuszitat schrieb Franziskus in der Regel: „Aus dem Herzen erwachsen und kommen hervor böse Gedanken, Ehebruch, Hurerei, Mord, Diebstahl, Habgier, Bosheit, Betrügerei, Ausschweifung, Neid, falsches Zeugnis, Gotteslästerung, Torheit" und er schloss: „Alle diese Übel kommen aus dem Herzen des Menschen und dies ist es, was den Menschen unrein macht."

Gehorsam, Armut, Keuschheit, Gebet, Loyalität und alles Übrige waren Mittel, dank derer die Brüder ihre Unreinheit sühnen, die Versuchung überwinden und sich selbst ganz Gott schenken wollten.

Ans Ende der Regel setzte Franziskus eine ausführliche poetische Ermahnung, die den Kern der Regel zusammenfasst:

Darum
wollen wir nichts anderes ersehnen,
nichts anderes wünschen,
nichts anderes soll uns gefallen und erfreuen
als unser Schöpfer und Erlöser und Heiland,
der alleinige, wahrhafte Gott,
der die Fülle des Guten ist,
alles Gute, das gesamte Gute, das wahre und höchste Gut,
der allein gut ist,
gnädig und gütig, milde und sanft,
der allein heilig,
gerecht, wahrhaft und geraden Sinnes ist,
der allein gütig, ohne Sünde und rein ist,
von dem, durch den und in dem
alle Vergebung, alle Gnade, alle Herrlichkeit
für alle Büßenden und alle Gerechten
und alle Seligen, die sich im Himmel erfreuen,
herkommt.

7 . KAPITEL

Klara

Als die Menschen Franziskus' besondere Beziehung zu Gott wahrnahmen, begann der Orden zu wachsen. Es wurde für angesehene Männer nicht mehr ungewöhnlich, sich ihm anzuschließen. Ein Beispiel dafür war der junge Masseo di Massignano aus einer der besseren Familien der Gegend. Der hochgewachsene, dunkle, hübsche Mann war ein dynamischer öffentlicher Redner. Er verfügte auch über das erforderliche starke Selbstbewusstsein, das jeder Politiker für seinen Erfolg braucht, weshalb man ihm tatsächlich eine große politische Zukunft verhieß. Aber er kam zum Schluss, erfolgreich zu sein heiße, ein Leben in Demut und Armut im Gehorsam gegenüber Franziskus zu führen.

Ein weiterer Bekehrter war Rufino di Scipione, der aus einer der mächtigsten und umstrittensten Familien in Assisi stammte. Er hatte sich dem Orden angeschlossen, nachdem er den Verlauf eines heftigen Streits zwischen zwei Franziskanerbrüdern mitbekommen hatte (was zeigt, dass die Brüder trotz ihrer Disziplin und Frömmigkeit recht menschlich blieben). Kurz bevor die beiden soweit gewesen waren, sich zu prügeln, hatte sich Bruder Barbaro, der aggressivere der beiden, gebückt, eine Handvoll Mist aufgehoben und ihn sich in den Mund gesteckt. Damit hatte er sagen wollen, wie ihm die eigenen Worte vorkamen, die er gegen den andern ausgespuckt hatte. Hierauf hatte er sich bei seinem Gefährten deswegen entschuldigt. Diese Demutsgeste gewann Rufino auf der Stelle für den Orden.

Ein dritter wichtiger Neuling aus dieser Zeit war Leo, ein Priester aus Assisi. Er wurde bald Franziskus' Beichtvater, Sekretär und fast ständige Gefährte.

Der Dritte Orden

Nicht alle, die es Franziskus nachtun wollten, konnten Familie und Beruf verlassen. Für solche Menschen umriss er in seinem *Brief an alle Gläubigen*, wie sie leben könnten. Er wurde die Grundlage für die von Kardinal Hugolin 1221 approbierte „Regel des Dritten Ordens".

Für die „Terziaren", wie sie genannt wurden, galten im Wesentlichen folgende Regeln: bescheidene Kleidung und keine aufwändigen Festmähler und Tanzveranstaltungen; täglich nur zwei Mahlzeiten; jeden Freitag (und an bestimmten Mittwochen) fasten; 10 Prozent des Einkommens an andere abgeben, eigene Schulden begleichen und alles zu Unrecht Erworbene bezahlen; wenn möglich, täglich alle Horen des Stundengebets halten, die aus insgesamt 54 Vaterunser und „Ehre sei dem Vater" bestanden; allabendliche Gewissenserforschung und mindestens dreimal jährlich beichten und zur Kommunion gehen; einmal monatlich mit den anderen Terziaren zum gemeinsamen Gottesdienst zusammenkommen.

Zu einer starken Kraft für den sozialen Wandel wurde der Dritte Orden durch die Pflicht der Terziaren, ihre Liegenschaften den Armen oder der Kirche zu vermachen. Ferner durften sie keine Waffen tragen, was die zügellose Gewalt der damaligen Zeit spürbar einschränkte. Drittens durften sie nur Gott oder dem Papst Eide ablegen. Das befreite die Terziaren von vielen feudalen Pflichten, denn als dem Papst unterstellt, war für sie kein weltliches Gericht mehr zuständig, sondern nur noch das kirchliche. Die Päpste nutzten diesen Treueeid dazu, die Aggression im Heiligen Römischen Reich zu dämpfen. Insgesamt brachte dieses Gelübde in ein von unablässigen Nachbarschaftskriegen erfülltes Zeitalter mehr Frieden.

(Später sollte Leo zusammen mit Rufino und Angelo – dem zwölften Novizen des Franziskus – zwei Dokumente verfassen, die *Compilatio Assisiensis* und *Die Legende der drei Gefährten*, die uns wertvolle Informationen über Franziskus bieten.) Aber in diesen aufregenden Jahren fühlten sich nicht nur Männer zu Franziskus hingezogen.

Eine Anhängerin

Die berühmteste Frau, die Franziskus anzog, sollte Chiara di Favarone werden, die spätere heilige Klara. Sie wurde in eine Familie hineingeboren, die ihr eigentlich ein friedliches, behütetes Leben hätten bescheren sollen. Tatsächlich aber musste sie inmitten von Gewalt und Schrecken aufwachsen. Als Kind wohnte sie mit ihren Eltern und der Großfamilie in einem Palazzo an der Piazza von San Rufino. Als sie vier war, zerstörten die Bürger von Assisi die Burg des Herzogs Konrad und fielen über die Wohntürme der Reichen und Mächtigen von Assisi her. Ihre Familie floh ins feindliche Perugia, um dort bessere Zeiten abzuwarten.

Klaras Vater, Favarone di Offreduccio, war Ritter. Ihre aristokratische Mutter Ortolana war eine tief fromme Frau, die viele Wallfahrten machte, etwa zum Monte Gargano an der Küste von Apulien und nach Jerusalem – eine Reise, die schon für Männer sehr gefährlich war. Sie gebar ihrem Mann Klara (1193 oder 1194), Caterina (1197) und Beatrice (1205).

Klara übernahm schon früh die Frömmigkeit ihrer Mutter. Ihr großes Vorbild war die römische Märtyrerin Agnes, die lieber gestorben war, als ihre Jungfräulichkeit, die sie Christus geweiht hatte, aufzugeben. Klara verrichtete weit mehr Gebete als vorgeschrieben, kleidete sich einfach, sparte sich Nahrung vom Mund ab und ließ diese durch ihre Freundin Bona an die Bedürftigen austeilen. Zuweilen ließ sie von Bona auch Nahrungsmittel nach Portiunkula tragen, wo ihre Kindheitsfreunde Angelo und Rufino als Brüder des Franziskus lebten.

Damals hielten die meisten Einwohner Assisis Franziskus noch für einen Fanatiker, und vielleicht aus diesem Grund interessierte sich die 16-jährige Klara besonders für ihn. Eines Sonntags hörte sie ihn in der Kathedrale predigen und war von seiner Frömmigkeit und Leidenschaft hingerissen. Sie wollte mehr darüber erfahren, jedoch wusste sie, dass ihre Eltern ihr jeden Kon-

Seite gegenüber:
Dieser Ausschnitt aus einem Simone Martini und anderen zugeschriebenen Fresko in der Unterkirche der Franziskusbasilika gibt die strenge Schönheit Klaras, der ersten und berühmtesten Schülerin des Franziskus, wieder.

takt mit dem Ausgestoßenen verbieten würden. So schlich sie sich eines Nachmittags mit ihrer sechsjährigen Schwester Beatrice und Bona aus dem Haus, um heimlich den damals 29-jährigen Franziskus und einen seiner Brüder zu treffen. Diese Begegnung weckte in ihr die Berufung, aus ihrem Leben etwas anderes zu machen, als ihre Eltern von ihr erwarteten.

Klaras Vater starb ungefähr zu dieser Zeit und sie erbte etwas Geld. Der Druck auf sie, zu heiraten, wuchs. Sie war ja eine gute Partie: daheim gut ausgebildet und mit besten Beziehungen; folglich würde sie den Offreduccios viele spürbare Vorteile einbringen. Aber Klara gelang es, die Heiratskandidaten, die ihr die Familie vorstellte, abzuschlagen. Mit 18 erklärte sie, ihr Geld den Armen geben zu wollen.

Das Oberhaupt der Familie, ihr Onkel Monaldo, war entsetzt und bedrängte sie, ihren Sinn zu ändern. Das tat auch ein Nachbar, Raniero di Bernardo, der ihr sogar einen Heiratsantrag machte. Aber Klara blieb fest.

Schließlich schlich sich Klara in der Nacht zum Palmsonntag 1212, als Mutter, Onkel und Vettern schliefen, gemeinsam mit Pacifica, einer langjährigen Gefährtin ihrer Mutter und ihrem Vetter Rufino aus dem Haus nach Portiunkula. Dort wurde sie von Franziskus und einigen seiner Brüder bereits mit brennenden Fackeln erwartet. Diese geleiteten sie in die Kirche, wo sie die Beichte ablegte und vom Priester Silvester, der sich inzwischen den Brüdern angeschlossen hatte, die Absolution erhielt. Sie zog über ihr Kleid eine grobe Kutte und legte hierauf in die Hände von Franziskus das Gehorsamsgelübde ab. Zur Besiegelung ihres Gelübdes schnitt ihr Franziskus ihr blondes, fast goldenes Haar ab.

Die Freude, die Franziskus, Klara und alle Anwesenden erfüllte, war nur von kurzer Dauer. Sie waren in Gefahr, weshalb sie Klara unverzüglich in die unter dem persönlichen Schutz des Papstes stehende Benediktinerinnenabtei von San Paolo brachten, wo sie vor allen juristischen oder physischen Maßnahmen ihrer Verwand-

„Die Heiligen Klara und Franziskus waren auf einmalige Weise harmonisch eins. Nie waren zwei Seelen in vollkommenerer Harmonie bezüglich ihrer Sicht von Erde und Himmel.“

OMAR ENGLEBERT,
*ST. FRANCIS OF
ASSISI: A BIOGRAPHY,*
1965

ten sicher war. Es stellte sich heraus, dass Klara mehr als nur kirchlichen Schutz brauchte.

Monaldo ritt mit sieben Männern der Familie Offreduccio nach San Paolo, verschaffte sich mit Gewalt Zugang zum Kloster und forderte Klara auf, mit heimzukommen. Sie weigerte sich. Diese Szene wiederholte sich im Lauf der nächsten Tage mehrmals, wobei Monaldo zwischen Drohungen und Versprechungen abwechselte. Schließlich wollten Monaldo und die Seinen sie mit Gewalt fortschleppen. Sie fanden sie in einer Kapelle, wo sie sich an einen Altar klammerte. Als sie versuchten, sie loszureißen, glitt ihr der Schleier vom Kopf und zu ihrem Entsetzen sahen sie, dass ihr Haar bereits abgeschnitten war und sie folglich den entscheidenden Schritt zur Verpflichtung auf das Klosterleben bereits getan hatte. Da ließen sie von ihr ab und verschwanden.

Wenig später floh auch Klaras 16-jährige Schwester Caterina von daheim und schloss sich Klara an. Monaldo machte sich unverzüglich wieder mit einem Trupp von elf Männern auf, um sie mit Gewalt zurückzuholen. Nach etlichem Hin und Her mit vergeblichen Bitten, Drohungen und Versprechungen packten sie sie und zerrten sie aus dem Kloster den Hügel hinab. Während Caterina sich immer noch verzweifelt wehrte, fiel Klara, die das Geschehen mitbekommen hatte, auf die Knie und betete inständig. Da ließ der Mann, der die um sich schlagende Caterina festhielt, diese plötzlich los und sie konnte ins Kloster zurückeilen.

Nach einiger Zeit fand sich die Familie mit dem Klostereintritt ihrer beiden Töchter ab; später schloss sich ihnen auch noch Klaras Schwester Beatrice an. Caterina änderte ihren Namen in Agnes, weil auch sie diese sehr verehrte. Franziskus half, dass diese Frauen sich auf Dauer in San Damiano einrichten konnten. In einem kurzen Brief an Klara versicherte er sie seines offiziellen Segens und seiner Unterstützung: „Da ihr euch dank göttlicher Inspiration zu Töchtern und Dienerinnen des höchsten Königs, des himmlischen Vaters gemacht und euch mit dem Heiligen Geist als eurem Bräutigam vermählt habt, indem ihr beschlossen habt, nach der Vollkommenheit des heiligen Evangeliums zu leben, beschließe und verspreche ich für mich und meine Brüder, für euch immer die gleiche liebevolle Fürsorge und besondere Aufmerksamkeit zu haben, wie ich sie für sie habe."

Die Armen Frauen

Auf diese Weise entstand ein neuer Orden. Sie nannten sich die *Armen Frauen* (heute als die Armen Klarissen bekannt). Binnen weniger Jahre hatte Klara in San Damiano fünfzig Schwestern beisammen, von denen viele den besseren Familien der Gegend entstammten.

Seite gegenüber: Eines der bekanntesten von Klara gewirkten Wunder: Sie wehrt mit Gebet und der heiligen Hostie das Heer Friedrichs II. ab. Ausschnitt aus dem *Lebensbaum der Franziskaner*, einem flämischen Teppich aus dem 15. Jh.

Franziskus' Brüder erbettelten für sie die Nahrung, versorgten sie mit Feuerholz und bauten für sie zusätzliche Räume, als sie immer mehr wurden. Die Frauen kleideten sich einfach, verrichteten Handarbeit (sie fertigten etwa Altartücher für die umliegenden Kirchen an) und beteten und fasteten wie ihre Mitbrüder. Genau wie Franziskus fastete auch Klara derart streng, dass sie oft erkrankte. Als Franziskus einmal von einer solchen Erkrankung infolge ihres Fastens erfuhr, ordnete er an, sie dürfe ab jetzt nie mehr länger als 24 Stunden ohne wenigstens ein bisschen Nahrung bleiben.

Die Schwestern beteten in der Kirche dasselbe Stundengebet wie die Brüder und beichteten regelmäßig bei Leo und Silvester, die auch die Messe für sie hielten. Klara widmete dem Gebet noch sehr viel zusätzliche Zeit, stand dazu früher als die anderen auf und ging später zu Bett. Ihre Schwestern beobachteten, dass ihr bei der Betrachtung der Kreuzigung Christi oft die Tränen kamen. Oft genügte irgendein Wort, um sie in mystische Ekstase zu versetzen. Eines Sonntags wurde sie von einer Antiphon derart ergriffen, dass sie ihre Gefährtinnen immer wieder mit Weihwasser besprengte, um sie an das Wasser zu erinnern, das aus der Seitenwunde Jesu geflossen war.

Klara wehrt ein Heer ab

An einem Freitag im September 1240: Das aus sarazenischen Söldnern bestehende kaiserliche Heer war nach Mittelitalien eingefallen, hatte die päpstlichen Truppen geschlagen und „Städte verbrannt, Bäume umgehauen, Weinberge verwüstet und Frauen und Kinder gefoltert", wie die *Legende der heiligen Klara* berichtet.

Assisi lag mitten im Kriegsgebiet. Den Nonnen des Klosters von San Damiano blühten Plünderung und Vergewaltigung. In ihrer Not ergriff Klara die Monstranz, hielt sie den Angreifern entgegen und betete: „Herr Jesus, lass diese wehrlosen Jungfrauen nicht in die Hände der Heiden fallen. Schütze du sie. Ich habe sie mit deiner Liebe genährt, aber jetzt kann ich nichts für sie tun." Genauso betete sie für die Stadt Assisi. „Auf der Stelle", heißt es in der Legende, „schlug die Dreistigkeit dieser Hunde in Angst um und sie kletterten rasch wieder die Mauern hinunter." Das war eines der Wunder, die beim Heiligsprechungsprozess von Klara zu Protokoll gegeben wurden.

*„Deinen Geist
stelle vor den
Spiegel der
Ewigkeit, deine
Seele vor den
Glanz der Herr-
lichkeit, dein
Herz vor das
göttliche Wesen!
Lass dich in der
Kontemplation
ganz und gar
ins Bild der
Gottheit um-
wandeln.“*

KLARA VON ASSISI,
3. BRIEF AN AGNES
VON PRAG (1238)

Klara legte Wert darauf, dass die Armen Frauen nicht als Nonnen, sondern als Schwestern bezeichnet wurden, weil sie der Überzeugung war, genau die gleiche Berufung wie die Brüder zu haben, obwohl sie nicht bettelnd und predigend umherwandern konnten. Denn damals schrieb das Kirchenrecht allen Ordensfrauen das Leben in ständiger Klausur vor, zwang sie also zum Lebensstil der alten Mönchsorden. Deshalb war bereits der 21-Jährigen von den kirchlichen Behörden das Amt und der Titel der Äbtissin der Gemeinschaft auferlegt worden. Sie nahm das nur widerstrebend an und verwendete den Titel in ihrer 40-jährigen Amtszeit nie.

Klara war in ihrer Askese so rigoros wie Franziskus. Um ihr Fleisch zu zügeln, schlief sie auf Brettern; wenn sie nicht fastete, weigerte sie sich, Gekochtes zu essen. (Als sie älter wurde, merkte sie, dass sie diese Askese mäßigen musste und schrieb 1229 an ihre Schwester Agnes: „Unser Fleisch ist nicht aus Bronze und unsere Kraft nicht die des Steins. So bitte ich dich inständig, weniger streng zu fasten, damit du dem Herrn gebührend Gottesdienst halten kannst.“) Klara versorgte ihre kranken Schwestern persönlich. Zum Zeichen ihrer Hochachtung wusch sie sogar die Füße ihrer Schwestern und küsste sie.

Klaras Ruf der Heiligkeit verbreitete sich, und mit ihm der Glaube, sie könne Heilungen und andere Wunder wirken. So schickte zum Beispiel Franziskus den Bruder Stefan zu ihr, der seinem Eindruck nach unter irgendeiner Form der Geisteskrankheit litt. Klara machte über Stefan das Kreuzeszeichen (wie sie das bei jedem tat, der sie aufsuchte) und wies ihn hierauf an, sich an der Stelle schlafen zu legen, an der sie gewöhnlich betete. Als er am nächsten Morgen aufwachte, soll er wieder bei klarem Verstand gewesen sein.

Trotz ihres Wirkens und Betens konnte Klara nicht die offizielle Anerkennung ihres neuen Ordens bekommen. Der entscheidende Punkt, an dem dies scheiterte, war für die kirchlichen Instanzen ihr Wunsch, dass ihr

Orden über keinerlei Eigentum verfügen dürfe, sondern alles nur leihen und von der Unterstützung derer leben sollte, die Eigentum hatten. Für Klara gehörte dies zum Wesen dessen, was sie und Franziskus wollten. Nicht nur die Einzelnen, sondern auch die Gemeinschaft und der ganze Orden sollten auf jeglichen Besitz verzichten.

Klara wollte wie Franziskus alles ganz genau so wie Jesus machen. Gegen Ende ihres Lebens ermahnte sie in ihrem Testament ihre Schwestern, immer die Armut einzuhalten, „aus Liebe zu Gott, der sich arm in die Krippe legte, arm in der Welt lebte und nackt am Kreuz blieb". Doch die materielle Armut war nur das Mittel zum Erlangen der Armut im Geist, derer es bedurfte, um Jesus im eigenen Herzen Raum zu geben.

Hierin sah sie die Jungfrau Maria als oberstes Vorbild. An Agnes schrieb sie: „So wie die glorreiche Jungfrau der Jungfrauen ihn körperlich trug, kannst auch du, indem du ihren Fußspuren folgst, insbesondere ihrer Armut und Demut, ihn immerdar geistlich in deinem keuschen und jungfräulichen Leib tragen und den halten, der alle Dinge zusammenhält."

Aber die päpstlichen Behörden schienen in diesem Fall die Natur des Menschen besser als Klara zu verstehen und blieben dabei, dass die strenge Armut und der Verzicht auf jegliches Eigentum unrealistisch seien und schließlich den Orden scheitern lassen würden. Als 1218 der päpstliche Legat Kardinal Hugolin eine Regel für die Armen Frauen approbierte, fehlte darin der Passus über den Verzicht auf jegliches Eigentum. Klara protestierte, aber Hugolin blieb fest. Dieser heftige Streit um die Armut dauerte das ganze weitere Leben Klaras hindurch an. Aber im August 1253 erreichte sie auf ihrem Sterbebett die Nachricht, dass der Papst ihre Regel einschließlich der von ihr verfochtenen Klausel approbiert habe. Es ist die erste Approbation einer von einer Frau verfassten Regel.

„O auf Gott ausgerichtete Armut, die der Herr Jesus Christus ... vor allem anderen zu umarmen sich herabließ!"

KLARA VON ASSISI,
1. BRIEF AN AGNES
VON PRAG (1234)

„Welch lobenswerter Tausch: die zeitlichen Dinge um der himmlischen willen zu lassen ..., Hundertfältiges dafür zu empfangen und ein glückliches ewiges Leben zu besitzen."

KLARA VON ASSISI,
1. BRIEF AN AGNES
VON PRAG (1234)

Eine Freundschaft in Gott

Klaras kompromisslose Hingabe an Christus und die Armut beeindruckte Franziskus derart, dass sie eine seiner engsten Vertrauten wurde. Als er in seinen letzten Jahren erkrankte, bedurfte er immer stärker ihrer Fürsorge und ihres Rats. Einmal hatte er mit der Frage gerungen, ob er sein Leben als Wanderprediger aufgeben und sich als Einsiedler ganz dem Gebet widmen solle. Deswegen hatte er sich nur an seinen früheren Beichtvater Silvester und an Klara um Rat gewandt (beide hatten ihm abgeraten). In seinen letzten Lebenswochen pflegte ihn Klara in San Damiano.

Manche heutige Biografen halten es für unmöglich, bei Klara und Franziskus nicht von einer Art romantischer Anziehungskraft aufeinander auszugehen. Aber dabei projiziert man heutiges Empfinden in die damalige Welt zurück, die über eine größere Fantasie als die unsere verfügte. Selbst wenn unterschwellig bei beiden eine erotische Anziehungskraft mitgespielt haben sollte, kanalisierten sie diese Energie ganz klar in ihr gemeinsames religiöses Anliegen: in ihrer Welt die Demut und Armut Christi leibhaftig zu verwirklichen.

Franziskus und Klara in einer Renaissance-Handschrift. Die höfliche Distanz lässt nichts von der innerlich-leidenschaftlichen spirituellen Beziehung ahnen, die beide verbunden haben soll.

Klara und Franziskus

Die Beziehung zwischen Klara und Franziskus war eine der spirituell innigsten zwischen einer Frau und einem Mann. Ungefähr hundert Jahre nach Franziskus' Tod wurde unter dem Titel *Fioretti di San Francesco* („Blümlein des heiligen Franziskus") eine Sammlung von Geschichten über die Frühzeit zusammengestellt, die legendären Charakter tragen und das Wunderbare stark überbetonen. Dennoch dürften sie etwas von der Atmosphäre der ersten Generation wiedergeben und bestimmte Züge von Franziskus treffend ins Licht setzen. Das gilt auch für jene Geschichte, die von einem bemerkenswerten gemeinsamen Mahl von Franziskus und Klara erzählt.

Franziskus hatte Klara in San Damiano bereits jahrelang besucht, um ihr mit seinem geistlichen Rat zur Seite zu stehen, und Klara hatte sich immer gewünscht, einmal dessen Wohnort Portiunkula zu besuchen, der für sie eine besonders heilige Stätte war. Aber Franziskus hatte alle ihre Bitten darum abgeschlagen (vermutlich, weil er sich selbst an seine Vorschrift halten wollte, die Brüder sollten soweit wie möglich jeden Kontakt mit Frauen vermeiden). So bat sie andere, für sie ein Wort dafür einzulegen.

Diese sagten zu Franziskus: „Vater, wir glauben nicht, dass diese Härte sich mit der Liebe Gottes verträgt", und sie hielten ihm vor, Klaras Bitte um ein einfaches gemeinsames Mahl sei eine geringe Gunst, zumal wenn man bedenke, wie „heilig und beliebt" sie sei. Zudem solle er nicht vergessen, dass sie durch seine „Predigt bewegt wurde, die Welt und ihren Reichtum zu verlassen".

Nach etlichem Hin und Her gab Franziskus schließlich nach. „Wenn es euch gut erscheint, ist es auch für mich gut." Sie hätten ja recht, dass Klara nach vielen Jahren in der Klausur in San Damiano „noch einmal die Stätte sollte sehen können, an der ihr das Haar abgeschnitten und sie eine Braut Christi wurde".

Am verabredeten Tag kam Klara also in Begleitung einer ihrer Schwestern und einiger Franziskanerbrüder nach Portiunkula. Franziskus hatte allen – nach seiner Gewohnheit auf dem Boden – ein schlichtes Mahl hergerichtet. Als sie so beieinander saßen, begann Franziskus von geistlichen Dingen zu reden und er geriet in derartiges Feuer, „dass alle von der Überfülle der göttlichen Gnade, die auf sie herabstieg, in Gott verzückt wurden".

Während sie so in mystischer Ekstase dasaßen, meinten die Bürger von Assisi eine Art riesiges Feuer in der Nähe von Portiunkula lodern zu sehen. Sie eilten dorthin, um beim Löschen zu helfen, aber bei ihrer Ankunft sahen sie nur Franziskus, Klara und ihre Gefährten in ekstatischer Verzückung dasitzen. Sie kamen zum Schluss, dass „es kein materielles, sondern ein himmlisches Feuer gewesen war, was Gott ihnen auf wunderbare Weise gezeigt hatte, um ihnen die göttliche Liebe vor Augen zu führen, die in den Seelen dieser heiligen Brüder und Schwestern loderte."

„Nach einer langen Weile" kamen Franziskus, Klara und ihre Gefährten „wieder zu sich". Sie fühlten sich von der geistlichen Nahrung derart erquickt, schließt der Bericht, dass sie keinen Bedarf hatten, das ihnen vorgesetzte Mahl zu verzehren.

Über die Alpen

In diesen frühen Jahren beschränkte Franziskus die Aussendungen auf die nähere Umgebung wie Umbrien und die Toskana. Bereits diese kurzen Abstecher zogen viele Männer für den Orden an. So brachte er allein von einem Besuch in der Stadt Ascoli Piceno in den Marken von Ancona dreißig Kandidaten mit heim.

Als er und seine Brüder über Italien hinaus ausschwärmten, verbreitete sich der Orden noch rasanter. Ende 1215 gab es schon in Südfrankreich und Spanien Franziskaner. Zudem begannen sich die Menschen für den „Poverello", den „armen kleinen Mann", wie sie ihn nannten, zunehmend zu begeistern. In manchen Städten läutete man bei seiner Ankunft die Kirchenglocken und die Leute riefen zur Begrüßung „Ecco il santo!" („Schaut, der Heilige!").

Auch begannen reiche Spenden zu fließen. In Greccio schenkte der Ortsherr Giovanni di Velita den Brüdern einen Teil seiner Ländereien oberhalb des Rieti-Tals als Einsiedelei. Und Graf Orlando von Chiusi-in-Casentino schenkte ihnen, nachdem er eine Predigt von Franziskus gehört hatte, ein Landstück oben auf dem Berg Alverna, damit sie sich dorthin zu Gebet und Betrachtung zurückziehen konnten.

Sogar die Natur schien von Franziskus begeistert zu sein. Thomas von Celano erzählt, als er einmal durch das Spoleto-Tal gegangen sei, habe er einen großen Schwarm von Tauben, Krähen und Elstern beisammen gesehen und sei seiner Gewohnheit nach hingeeilt, sie zu grüßen. Sie seien nicht wie sonst davongeflogen, sondern hätten aufmerksam seiner Predigt gelauscht: „Meine Brüder Vögel, preist mit süßen Tönen euren Schöpfer und liebt ihn allezeit!"

„Er pflegte auch die größte Menge wie einen einzigen Menschen anzusprechen und jeden Einzelnen, als wäre er eine Menge."

THOMAS VON CELANO ÜBER DIE PREDIGTWEISE VON FRANZISKUS, *LEBEN DES HEILIGEN FRANZISKUS*, 1228–1229

Das Vierte Laterankonzil

Im November 1215 eröffnete Papst Innozenz III. das Vierte Laterankonzil, an dem rund 400 Bischöfe und 800 Äbte, Prälaten und Gesandte aus ganz Europa teilnahmen. In seiner Eröffnungsansprache ging es ihm vor allem um die Reform der Kirche. Er zitierte dabei Ezechiel 9,4: „Der Herr sprach zu ihm: Geh mitten durch die Stadt, durch Jerusalem, und mache ein Kreuz (wörtlich: „T" oder „Tau") auf die Stirn der Männer, die seufzen und wehklagen über alle die Gräuel, die in ihr verübt werden", womit er sich namentlich auf die himmelschreienden Missstände bei Bischöfen und Klerus bezog.

Es kam zu zahlreichen Beschlüssen, etwa gegen die häretischen Katharer und für die bessere Ausbildung des Klerus. Regeln zur Eindämmung des Ämterkaufs und der Habgier der Prälaten wurden erlassen, sowie die Vorschrift, alle Gläubigen müssten wenigstens einmal jährlich beichten und zur Kommunion gehen.

Ein Dominikanerheiliger, vielleicht Dominikus selbst, in einer Buchmalerei.

Papst Innozenz machte sich auch Sorgen angesichts der Entstehung einer unüberschaubaren Zahl neuer Orden und geistlichen Bewegungen. Manche waren eindeutig häretisch, andere, wie etwa die Franziskaner und Dominikaner, ganz klar nicht. Viele dieser Gruppen waren unbekannt oder unauffindbar und entzogen sich jeder Führung. Die Folge war, dass alle möglichen (und unmöglichen) Vorstellungen und Praktiken im Schwange waren, etwa seltsame Theorien über Gott, das Böse, den Geist und die Materie sowie unmenschliche Strenge und Bußübungen – oder umgekehrt die Ablehnung jeglicher Moralvorschriften. Damit verbunden waren ferner oft eine radikale Kritik an Kirche und Klerus, die Ablehnung der Sakramente sowie Armutsideale, die dazu führten, dass die Bevölkerung von zahlreichen Gruppen mit Bitten um Spenden belästigt wurde. Um diese Entwicklung unter Kontrolle zu bekommen, wurde auf dem Konzil die Gründung neuer Orden verboten und beschlossen, künftig sollte nur noch in Orden eintreten dürfen, wer über regelmäßige und ständige Einkommensquellen verfüge.

Das brachte den rasch anwachsenden, aber immer noch inoffiziellen Orden von Franziskus in die Klemme. Franziskus bestand weiter darauf, dass die einzige Einkommensquelle das Betteln sein solle; andererseits legte er Wert darauf, vom Papst anerkannt zu werden. Vorübergehend ließ sich dies dank Bischof Guido und seiner guten Beziehungen in Rom überbrücken, der den Brüdern die inoffizielle Unterstützung seitens der päpstlichen Behörden verschaffte.

Dass sich die bewusst romtreuen Orden der Franziskaner und Dominikaner weiter entfalteten, lag durchaus im Interesse des Papstes, waren sie doch tatkräftige und glaubwürdige Prediger genau der Reform, um die es ihm ging. Tatsächlich führte Franziskus von da an das T („Tau") als sein persönliches Emblem ein, um sich ausdrücklich mit dem Reformanliegen des Papstes zu solidarisieren. Er verwendete es als Unterschrift, malte es an die Tür seiner Unterkunft und setzte es unter seine Schriften.

Organisation und missionarische Unternehmungen

Genau wie König Artus seine Ritter alljährlich am Pfingstfest zur Tafelrunde versammelt hatte, rief Franziskus seine Brüder jedes Jahr an Pfingsten in Portiunkula zusammen. In der Frühzeit hatte er diese sogenannten „Generalkapitel" zweimal jährlich gehalten, an Pfingsten und am 29. September, dem Michaelsfest. Nachdem der Orden sich zahlen- und flächenmäßig weit ausgebreitet hatte, konnten sich die Brüder nur noch

„(Franziskus) ermahnte die Brüder, niemanden zu richten und nicht auf die fein und modisch Gekleideten herabzuschauen, denn, so sagte er: ‚Ihr Gott ist unser Gott.'"

LEGENDE DER DREI GEFÄHRTEN, 1241–1247

alle drei Jahre einmal alle versammeln. Auf den Generalkapiteln von 1217 und 1219 wurde die weitere Ausdehnung besprochen. Der Orden dürfte 1219 rund dreitausend Mitglieder umfasst haben, die bereits aus vielen Ländern kamen. So entstand das Bedürfnis nach klareren Strukturen. Man schuf zwölf Provinzen, an deren Spitze jeweils ein Provinzialminister stehen sollte. Später wurden die Provinzen noch in Kustodien unterteilt, denen ein *custos* ("Wächter") vorstand, und diese umfassten Häuser, Einsiedeleien und Bruderschaften unter der Jurisdiktion von Guardianen ("Hütern").

Franziskus war von diesen Verwaltungsebenen nicht begeistert; er wusste um die Gefahren von hierarchischen Autoritäten. So schärfte er allen Provinzialen und Guardianen ein, sie sollten sich als Diener oder Mütter der ihnen Unterstellten verstehen.

Auf dem Kapitel von 1217 beschloss der Orden seinen ersten organisierten Vorstoß über Italien hinaus. Leider war die Bereitschaft der Brüder, sich auf ihre Einsätze im Ausland angemessen vorzubereiten, weit geringer als ihre Begeisterung, das Evangelium überall zu verkünden. Die meisten derer, die ausgesandt wurden, hatten keine Ahnung von der Sprache und den Gewohnheiten der Länder, in die sie gingen. Sie zogen getreu der Anweisung von Franziskus ohne Geld und ohne die Erlaubnis, solches anzunehmen, los und verfügten über keine Beglaubigungsschreiben seitens des Papstes, eines Bischofs oder Landesherrn. Die Folge war, dass sie in gewaltige Schwierigkeiten und Enttäuschungen gerieten.

Von den rund sechzig Brüdern, die nach Norden, in deutschsprachige Gebiete zogen, verstand keiner die Sprache. Es wird erzählt, sie hätten nur das Wort "Ja" gekannt. Als sie eines Abends hungrig gewesen seien, hätten sie es mit großem Erfolg eingesetzt. Man habe sie gefragt, ob sie hungrig seien, und auf ihr "Ja" hin hätten sie reichlich zu essen bekommen. Tags darauf habe man ihnen wieder eine Frage gestellt, aber die Reaktion auf ihr "Ja" sei diesmal ganz anders gewesen:

Die Leute hätten sich empört von ihnen abgewendet. Schließlich seien sie dahintergekommen, dass die Frage gelautet hatte, ob sie zu den Häretikern gehörten, die derzeit die Lombardei verheerten und jetzt das Gleiche in Deutschland tun wollten. Das Gerücht, sie seien die schlimmen Katharer, habe sich wie ein Lauffeuer verbreitet, und sie seien eingesperrt, nackt an den Pranger gefesselt und bis aufs Blut ausgepeitscht worden. Als man sie wieder habe laufen lassen, seien sie aus dem Land geflohen.

Aus vielen Versuchen und Fehlschlägen lernten die Brüder schließlich die Grundregeln erfolgreichen Missionierens im Ausland. Als sie sich 1221 wieder in den Norden wagten, zogen sie zum Beispiel nur in kleinen Gruppen los, um nicht wie ein Invasionstrupp zu wirken. Sie waren jetzt geduldiger, versuchten die Menschen behutsamer zu gewinnen und Mitglieder aufzunehmen und neue Bruderschaften zu gründen. Binnen weniger Jahre hatten sie sich dann nicht nur in Deutschland, sondern auch in Böhmen, Polen, Rumänien und Norwegen niedergelassen. Besonders großen Erfolg hatten die Franziskaner in England. Neun Brüder waren im September 1224 ins Land gekommen und hatten sich auf

Eine Missionspredigt

Das Wesentliche einer typisch franziskanischen Evangeliumspredigt findet sich in der Ersten Regel. Darin gibt Franziskus die folgende Botschaft vor:

Fürchtet und ehrt, preist und segnet, sagt Dank und betet an den Herrn, den Allmächtigen Gott in seiner Dreiheit und Einheit, den Vater, Sohn und Heiligen Geist, den Schöpfer von allem.

Tut Buße, bringt würdige Früchte der Buße, denn bald werden wir sterben. Gebt, und es wird euch gegeben werden. Vergebt, und es wird euch vergeben werden. Wenn ihr den Menschen ihre Sünden nicht vergebt, wird der Herr euch auch die eurigen nicht vergeben. Beichtet alle eure Sünden.

Gesegnet sind die, welche in Buße sterben, denn sie werden im Himmelreich sein ... Hütet und bewahrt euch vor allem Bösen und harrt im Guten aus bis ans Ende.

Canterbury, London und Oxford verteilt. In Oxford schlossen sich rasch viele Studenten und Professoren dem Orden an und bauten eigenhändig gemeinsam ein neues Quartier für die Bruderschaft.

Der erste englische Novize war Bruder Solomon. Der junge Mann hatte im Ruf eines besonderen Genießers gestanden, aber jetzt zog er froh als Bettler durch die Gegend. Eines Tages klopfte er bei seiner Schwester an die Tür. Diese reichte ihm etwas Brot, wandte dabei aber den Blick von ihm ab uns rief: „Verflucht sei die Stunde, in der ich dich so sah!" Das war für Solomon ein entscheidender Augenblick. Er nahm das Brot mit Freude und bemerkte, jetzt werde er von seiner Familie genauso behandelt wie Franziskus von der seinigen.

Die Predigt an Nichtchristen

Auf dem Kapitel von 1219 beauftragte Franziskus den Orden mit einer noch anspruchsvolleren Mission: der Evangelisierung in heidnischen Ländern. Er selbst hatte bereits seit 1212 erfolglos mehrfach zu Versuchen angesetzt, seine Botschaft in nichtchristliche Länder zu tragen. Auf dem Weg nach Syrien hatte der Wind das Schiff daran gehindert, ans Ziel der Reise zu kommen. Als er zwei Jahre später nach Marokko reisen wollte, war er durch eine Erkrankung zur Umkehr gezwungen worden. Aber nach 1219 hatten die Franziskaner im Allgemeinen mehr Erfolg, in Heidenländer zu kommen, auch wenn sie noch kaum Bekehrungen erzielen konnten.

Bruder Ägidius reiste zum Beispiel ins muslimische Tunis. Aber als die wenigen dortigen Christen von seiner Ankunft erfuhren, zwangen sie ihn, wieder ein Schiff zu besteigen und heimzufahren. Sie befürchteten nämlich, sein Eifer werde die Autoritäten nicht nur gegen ihn aufbringen, sondern auch gegen sie selbst. Damit dürften sie Recht gehabt haben, denn Ägidius verhehlte nicht seine Sehnsucht nach dem Martyrium, dem höchsten Opfer für Christus, wie sie auch Franziskus und viele seiner Mitbrüder hatten.

„Wenn ihr mit dem Mund Frieden ausruft, achtet darauf, dass er in eurem Herzen ganz groß sei."

FRANZISKUS AN
SEINE BRÜDER,
BEVOR ER SIE ZUM
PREDIGEN AUS-
SANDTE

Die fünf Brüder, die nach Marokko gerieten, bekamen diesen Wunsch erfüllt, aber weniger wegen ihrer Hingabe an Christus als wegen ihres provozierenden Verhaltens. Sie waren nach Sevilla gereist, das damals noch unter maurischer Herrschaft war, hatten eine Moschee betreten und darin gegen den Koran gepredigt. Das war damals ein genauso schweres Vergehen wie heute. Die Gläubigen warfen sie unverzüglich hinaus und verprügelten sie. Hierauf gingen die Brüder zum Königspalast und begannen dort genauso zu predigen, worauf man sie verhaftete und in Ketten in einen Turm einsperrte. Aus dessen Fenster riefen sie den Vorbeigehenden zu, Mohammed sei ein Betrüger gewesen, woraufhin sie in ein Gefängnis verlegt wurden, in welchem sie versuchten, ihre Bewacher und Mitgefangenen zu bekehren. Schließlich wurden sie vom örtlichen Magistrat verhört und vor die Wahl gestellt, entweder nach Italien zurückzukehren oder in die Verbannung nach Marokko geschickt zu werden. Sie wählten das Letztere und wurden in Marokko unverzüglich wieder verhaftet. Dieses Mal versuchte man, sie mit Auspeitschen und Foltern davon abzubringen, auf ihre törichte Weise öffentlich den Koran zu schmähen. Der Ortsfürst Miramolin drohte ihnen mit dem Tod, aber der Überlieferung nach erwiderten sie: „Unsere Körper sind in deiner Hand, aber unsere Seelen sind in der Hand Gottes!" Hierauf ließ Moramolin sie enthaupten. Sie wurden die ersten Franziskanermärtyrer – dürften aber nicht den Orden in seiner besten Form repräsentiert haben.

Derweil hatte Franziskus die Brüder Matthäus von Narni und Gregor von Neapel zu Vikaren ernannt, die in seiner Abwesenheit den Orden leiten sollten. Hierauf begab er sich mit einer großen Gruppe Brüder in den Hafen von Ancona, wo er ein Schiff finden wollte, das Kreuzfahrer in den Osten transportierte. Er wollte sich zum muslimischen Sultan nach Ägypten begeben, um zu diesem zu predigen und ihn zu bekehren.

Nächste Seite: Ludwig IX., eines der berühmtesten Mitglieder des Dritten Ordens, geriet beim Siebten Kreuzzug in Gefangenschaft und Geiselhaft. Französische Buchmalerei von Guillaume de Saint-Pathus aus dem 14. Jh.

Franziskus fand das Schiff, aber es hatte nicht für alle Brüder Platz. Da bat er ein zufällig im Hafen spielendes Kind, nach Belieben zwölf Brüder auszuwählen. Im Vertrauen, dass diese seine von Gott auserwählten Begleiter sein sollten, bestieg er mit ihnen das Schiff, das im Juni 1219 auslief. (Franziskus griff oft zu solchen Zufallsmethoden, um den Willen Gottes herauszufinden. Aber als der Orden stark anwuchs, stürzte ihn diese Methode, den Willen Gottes herauszufinden, in gewaltige Verwirrung.) Sie landeten in Akko, von wo Franziskus mit nur einem der Brüder, Illuminato, weiter ins

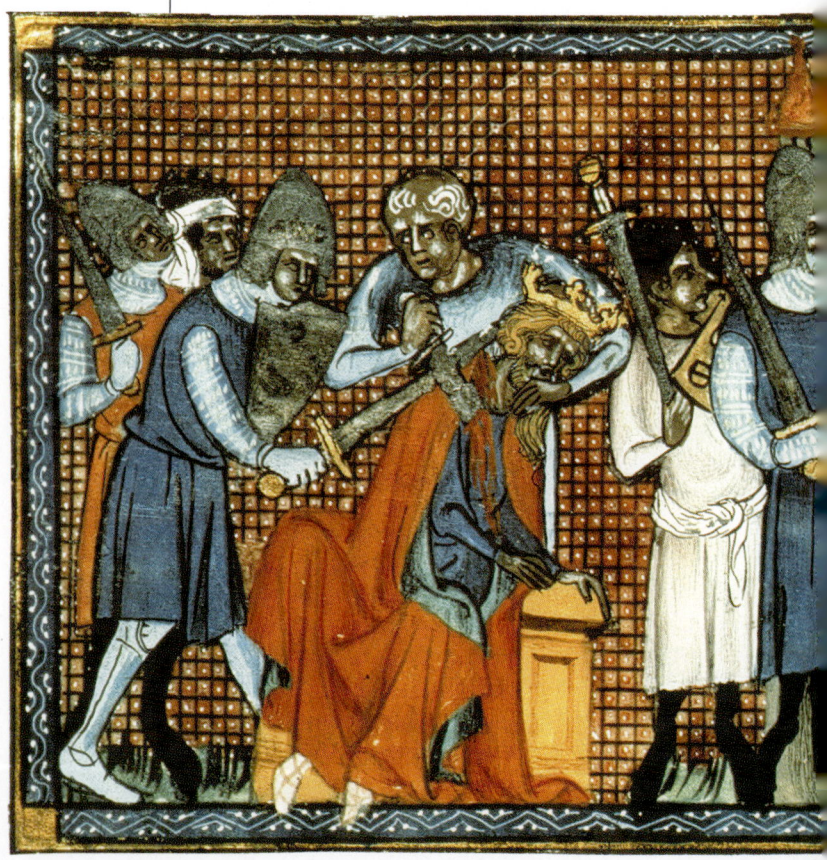

Kreuzfahrerlager nach Damiette an der Spitze des Nil-
deltas weiterfuhr. Sie kamen dort Ende Juli an. Die
Kreuzfahrer belagerten die rund 80.000 Einwohner zäh-
lende Stadt bereits seit einem Jahr mit wenig Erfolg.
Franziskus und Illuminato blieben beim Heer, das ungefähr 40.000 Mann zählte und dazu noch weitere 20.000
Pfleger, Köche, Pilger, Schaulustige, Bettler und andere

Kreuzzüge zur Zeit von Franziskus

Die Kreuzzüge waren bereits seit etwas mehr als einem Jahrhundert im Gange.
Sie hatten 1095 mit dem Aufruf Papst Urbans begonnen, Jerusalem aus den

Händen der Sarazenen zurückzuerobern. Er hatte auf
einem Kirchenkonzil geschildert, wie das Heilige Land in
die Hände von Ungläubigen gefallen sei, die es ausplün-
derten und die Christen ermordeten. Seine leidenschaftliche Predigt hatte die Zuhörer zum Ausruf bewegt: *„Deus
vult! Deus vult!"* („Gott will es!"), der zum Schlachtruf
der Kreuzfahrer wurde.

Es kam zwischen 1096 und 1291 zu insgesamt acht
größeren Kreuzzügen und einigen Dutzend kleinerer
Kreuzzugsexpeditionen. Beim Ersten Kreuzzug eroberten
die Christen Jerusalem, aber schon nach wenigen Jahr-
zehnten verloren sie es wieder. Alle weiteren Kreuzzüge
waren Versuche, es wieder zurückzuerobern.

Zur Zeit des Fünften Kreuzzugs, an dem Franziskus
teilnahm, kontrollierte die sarazenische Dynastie der
Ayyubiden fast die gesamte Levanteküste von Byzanz bis
nach Ägypten. Es waren nur noch verstreut einige kleine
europäische Herrschaftsgebiete übrig. Der damalige Sultan al-Adil hatte den Kreuzfahrern den Zugang zu Palästina verwehrt, weshalb sie ihre Taktik änderten. Sie wollten in Ägypten dessen Haupthafen und Machtbasis Damiette angreifen.

Zivilisten. Mit ihrer Predigt und ihrem Charme fanden sie viele Bewunderer, und einige von ihnen traten tatsächlich an Ort und Stelle ihrem Orden bei.

Die beiden Brüder halfen auch bei der Pflege der Kranken. In der Sommerhitze grassierten im Kreuzfahrerlager alle möglichen Krankheiten und Epidemien. Der November brachte sintflutartige Regenfälle und einen heftigen Nordwind, der das Meer landeinwärts trieb und das Lager überflutete. Leichname von Menschen, tote Pferde, Esel und Fische schwammen umher. In den Wintermonaten starben 10.000 Menschen an Skorbut.

Bewunderung unter Vorbehalt

Jakob von Vitry, damals Bischof von Akko, lieferte uns einen Bericht aus erster Hand über das Auftreten franziskanischer Missionare in Ägypten. Er war einige Jahre vorher in Rom erstmals auf Franziskanerbrüder gestoßen. Sie hatten ihn mit ihrer Begeisterung und ihrem Eifer tief beeindruckt.

Jakob war im November 1216 nach Akko gekommen, um im Heiligen Land sein Bischofsamt anzutreten. Im Herbst danach sammelten sich in Akko die Heere des Fünften Kreuzzugs, die Damiette belagern wollten. Und im folgenden Jahr war er selbst bei der Belagerung dabei und blieb dort bis zum Ende des Feldzugs im Jahr 1221.

In einem Brief an Freunde in Akko berichtete er von der Wirksamkeit des Franziskus als Evangeliumsprediger, jedoch mit einem Beiklang von Sorge. Leider habe er drei Kirchenvorsteher sowie seinen englischen Sekretär verloren, weil diese sich den Franziskanern angeschlossen hätten. „Ich habe große Mühe, den Kantor … und mehrere andere zu halten."

Über die Franziskaner schrieb er: „Aus unserer Sicht ist dieser Orden recht fahrlässig. Er schickt nicht ausgebildete Ordensleute, sondern noch sehr unreife junge Männer, die vorher etliche Zeit in der klösterlichen Zucht geformt und geprüft werden müssten, zu je zweien in die ganze Welt hinaus." Obwohl ein glühender Bewunderer des Franziskus und von der Korruption in der Kirche abgestoßen, war Jakob von Vitry dennoch der Ansicht, dass dessen Methoden loyalen Kirchenmännern wie ihm die Arbeit nicht leichter machten.

Vermutlich im September 1219 überschritten Franziskus und Illuminato während eines Waffenstillstands die Grenzlinien und begaben sich ins Feldlager der Sarazenen. Sie wurden ergriffen und vor den Sultan geschleppt, der sie befragte, ob sie mit einer Botschaft aus dem Christenlager kämen oder sich womöglich zum Islam bekehren wollten. (Es gab damals Überläufer aus beiden Lagern, die die Religion der Feinde übernahmen.) Die beiden erklärten, sie kämen als Boten des höchsten Gottes und hofften, der Sultan werde sich zum Christentum bekehren. Laut der Chronik des Ernoul sollen sie gesagt haben: „Wenn du uns glauben willst, händigen wir deine Seele Gott aus, denn wir sagen dir in aller Wahrheit: Falls du in dem Gesetz stirbst, zu dem du dich jetzt bekennst, bist du verloren und Gott wird deine Seele nicht besitzen." Sodann hätten sie angeboten, der Sultan solle „den gelehrtesten Lehrer seines Bereichs" herbeirufen und sie würden ihm im Streitgespräch mit diesem nachweisen, dass seine Religion falsch sei. Ernoul bringt hier vielleicht etwas durcheinander. Es waren die Dominikaner, die versucht hatten, in einer Diskussion über die wahre Religion die anderen abzuwerten. Franziskus aber tat das nie. Vermutlich wollte er auch hier lediglich seine Grundbotschaft, den Aufruf zur Buße, vortragen. Tatsächlich hatte er in seiner Regel die Brüder ausdrücklich angewiesen, „sich nicht auf Argumente und Diskussionen einzulassen", sondern schlicht und einfach „das Wort Gottes zu verkünden, … damit (die Ungläubigen) an Gott den Vater, den Sohn und den Heiligen Geist glauben".

Aber ganz gleich, was zu sagen Franziskus vorhatte, er kam gar nicht dazu. Als der Sultan seine „edelsten und weisesten Männer" zusammengeholt und ihnen den Grund der Versammlung erklärt hatte, verweigerten diese eine Diskussion. Sie erinnerten den Sultan: „Herr, Ihr seid das Schwert des Gesetzes und habt die Pflicht, es aufrecht zu erhalten und zu verteidigen. Das Gesetz verbietet es, Predigern (einer anderen Religion) Gehör zu schenken" und sie fügten hinzu, man solle jeden töten, der einen anderen Glauben als den Islam verbreite. „Aus diesem Grund befehlen wir Euch im Namen Gottes und des Gesetzes, den beiden unverzüglich die Köpfe abschneiden zu lassen, wie das Gesetz es verlangt." Daraufhin verließen sie den Raum.

Nach dem kurzen, peinlichen Schweigen, das eingetreten sein dürfte, wandte sich der Sultan an Franziskus und Illuminato und versicherte ihnen, er habe nicht vor, sie enthaupten zu lassen. Ja, er versuchte, ihr Unternehmen von der besten Seite zu sehen: „Es wäre eine schlechte Belohnung, die ich euch dafür gäbe, dass ihr bewusst den Tod riskiert habt, um meine Seele für Gott zu retten." Und er fügte hinzu, wenn sie beschlössen, sich seiner Obhut anzuvertrauen, werde er ihnen „riesige Ländereien und viele Besitztümer" schenken. Das dürfte ein Ausdruck übertriebener orientalischer Gastfreundschaft gewesen sein – oder ein Test ihrer Aufrichtigkeit.

Die beiden Brüder erklärten geradeheraus, sie wollten nicht länger bleiben, da der Sultan offensichtlich nicht bereit sei, sich zu bekehren. Sie baten nur darum, sicher ins christliche Lager zurückkehren zu können. Hierauf bot ihnen der Sultan Gold, Silber und Seidengewänder als Geschenke an, aber sie lehnten sie dankend ab, worauf man sie ungeschoren in ihr Lager zurückkehren ließ.

Franziskus entging seinem Märtyrertod nur dank einer besonderen göttlichen Vorsehung, denn genau wie die Brüder in Marokko hatte er so ziemlich alles falsch gemacht, was man falsch machen konnte. Er hatte seine Botschaft zu predigen begonnen, ohne sich das Recht, angehört zu werden, verdient zu haben; er hatte die Religionsführer vor den Kopf gestoßen; er hatte die Gastfreundschaft seines Gastgebers schroff abgewiesen. Dass er überhaupt heil davon kam, ist ein regelrechtes Wunder. Franziskus dagegen wird gemeint haben, dass er selbst versagt habe. Weder hatte er den Sultan bekehrt noch die Krone des Martyriums erworben. Zweifellos wurde er in der Folge auch noch vom weiteren Verlauf der kriegerischen Auseinandersetzungen enttäuscht. Bis Januar 1220 war Damiette so gut wie ausgeblutet. In der Stadt waren gerade noch 3000 ausgehungerte Männer, Frauen und Kinder am Leben. Als die Kreuzfahrer die Stadt stürmten, schlugen und vergewaltigten sie die noch lebenden Erwachsenen und verkauften sie dann in die Sklaverei. Sodann verbrachten sie drei Monate mit Auseinandersetzungen darüber, wer welchen Teil der Stadt beherrschen sollte.

Hinzu kam, dass sich Franziskus' Gesundheit besorgniserregend verschlechtert hatte. Krankenpflege, Predigen und Beten unter den ungesunden Bedingungen in

Franziskus predigt dem ägyptischen Sultan und anderen Muslimen. Altarbild in der Bardi-Kapelle in Santa Croce, Florenz, Bonaventura Berlinghieri zugeschrieben.

der Nilregion hatte ihn ausgezehrt. Er hatte sich eine Augenkrankheit zugezogen, vermutlich Trachoma, eine von Mücken verbreitete Infektion, die zu chronischer Entzündung der Augenlider-Innenseite führt. Diese Krankheit sollte ihn für den Rest seines Lebens plagen.

Anfang 1220 kehrte er nach Akko zurück und durchwanderte dann monatelang das Heilige Land. Wohin er ging und was er tat, ist nicht überliefert. Es ist nicht unwahrscheinlich, dass dies eine Phase tiefer Niedergeschlagenheit war, während der er herauszufinden versuchte, was Gott als Nächstes von ihm wollte.

Während dieser Wanderungen stieß er eines Tages auf einen Ordensbruder. Die Wiedersehensfreude wird groß gewesen sein; aber der Bruder berichtete ihm, in Italien hätten schon viele aus seiner langen Abwesenheit geschlossen, er sei umgekommen. Außerdem habe man im Orden seine Ideale weithin aufgegeben und es herrsche große Verwirrung. Damit wusste Franziskus, was als Nächstes anstand und er kehrte unverzüglich nach Portiunkula zurück.

Konflikte für Franziskus und den Orden

Bereits beim Generalkapitel 1219 erwies sich, dass für den Franziskanerorden die Unschuld und Naivität der frühen Jahre vorbei war. Zwischen einer einfachen Regel für ein Dutzend Männer in einer schlichten Unterkunft unter Leitung eines charismatischen Führers und der Lebensordnung von Tausenden über ganz Europa verstreuten Männern bestand ein gewaltiger Unterschied. Manche von ihnen waren dem Gründer noch nie begegnet; viele waren nie von seinen Idealen persönlich angesteckt und geformt worden.

Weshalb waren sie eingetreten? Manche zogen einfach die Gefährtenschaft im Orden dem Familienleben oder Alleinsein vor. Andere hatten sich von der Demut und Liebenswürdigkeit der frühen Brüder angezogen gefühlt. Wieder andere hatten falsch verstanden, worum es im Orden ging. Sie hatten eine milde Regel wie bei den anderen Orden erwartet und obendrein die Möglichkeit, studieren zu können. Manche meinten sogar, die Mitgliedschaft im Orden sei ein gutes Sprungbrett für eine kirchliche Karriere.

Angesichts dieser bunten Mischung von Motiven und Mitgliedern war es unvermeidlich, dass manche sich an der Regel rieben. Viele Brüder, die zu Oberen ernannt worden waren, waren vor ihrem Eintritt hervorragende oder einflussreiche Kleriker gewesen. Schon bald fanden sie es unangemessen, einem so ungebildeten

Mann wie Franziskus gehorchen zu müssen. Und uralte Klassenunterschiede waren nur schwer auszutilgen.

Thomas von Celano erzählt, wie Franziskus und Bruder Leonhard erschöpft von einer Überseemission zurückkamen. Franziskus ritt auf einem Esel, den Leonhard am Zügel führte. Da begann es in Leonhard zu rumoren. Er stammte aus einer sozial viel höher stehenden Familie Assisis als Franziskus. „Seine Eltern und die meinigen verkehrten nicht als Gleiche miteinander, und da reitet jetzt er und ich gehe zu Fuß und führe seinen Esel." Franziskus merkte seinen Groll und sagte: „Bruder, es ist nicht richtig, dass ich reite, während du zu Fuß gehst, denn du warst in der Welt edler und einflussreicher als ich." Da schämte sich Leonhard sehr und bat ihn um Verzeihung.

Franziskus konnte mit seinem persönlichen Charme und seiner Demut solche Anwandlungen überwinden, aber als der Orden größer wurde, konnte er nicht jedes Mal persönlich zur Stelle sein, wenn die menschliche Natur sich störend einmischte. Auf dem Kapitel von 1219 hatte eine Reihe von Brüdern aus ihren Sorgen um den Orden keinen Hehl gemacht. Sie wollten ihn stärker so wie die anderen damaligen Orden organisieren. Damit hätten sie mehr Zeit zum Studium gehabt, die Armut etwas gemäßigt und sich den Einfluss von Kirchenoberen zunutze gemacht (indem sie sich zum Beispiel Empfehlungsschreiben hätten ausstellen lassen, um in neuen Gegenden leichter predigen zu können).

Druck von außen

Zu diesen inneren Spannungen kam Druck von außen. Zu Anfang 1217 hatte Papst Honorius Kardinalbischof Hugolin von Ostia zu seinem Legaten für Norditalien ernannt. Hugolin warb neue Rekruten für den nächsten Kreuzzug an, behielt das Vordringen der Deutschen im Auge, kümmerte sich um die Durchsetzung der Dekrete des Vierten Laterankonzils und hatte die Aufsicht über die Ordenshäuser seines Gebiets.

„Von denen, die nicht verkosten wollen, wie süß der Herr ist, die Finsternis mehr lieben als das Licht und seine Gebote nicht halten wollen, sagt der Prophet: ‚Verflucht sind jene, die abweichen von deinen Geboten.'"

FRANZISKUS IN
EINER ERMAHNUNG
AN SEINE BRÜDER
NACH SEINER RÜCK-
KEHR AUS SYRIEN
1220

Diese letztere Verantwortung nahm er besonders ernst. Er wird als Mann mit „feuriger" Liebe zu Franziskus beschrieben. Ihm lag daran, dass der Orden des Franziskus und auch Klaras, die ihn ebenfalls tief beeindruckte, wachse und erstarke. Aber er war anderer Meinung als Franziskus, wie das zu gewährleisten sei. Diesbezüglich dürfte er die menschliche Natur und die Kirchenpolitik realistischer eingeschätzt haben als Franziskus. Zudem muss man fairerweise sagen, dass viele seiner Entscheidungen den Orden für nachfolgende Generationen gerettet haben. Das einzige Problem war, dass seine Entscheidungen damals einige Elemente der ursprünglichen Vision des Franziskus hintertrieben.

Er hielt es für problematisch, dass die Regel jegliches Eigentum verbot, das Anfassen von Geld, die Beantragung päpstlicher Begünstigungen und sinnvolles Vorausplanen. Seiner Überzeugung nach waren in dieser Welt derlei Dinge notwendig, wenn der Orden überleben wollte. Besondere Sorgen machte er sich um Klara und ihre Schwestern in San Damiano. Er war auf Maßnahmen zu ihrer Glaubensunterweisung, zum Auftreiben regelmäßiger Einkünfte für ihr Haus und zum Schutz der ledigen Frauen in einer grausamen, willkürlichen Gesellschaft bedacht.

Bischof Guido hatte Franziskus einige Zeit lang bedrängt zu vermeiden, dass sie zur unerträglichen Last für andere würden, zumal der Orden bereits über tausend Mitglieder zähle. Sie könnten sich nicht mehr nur darauf verlassen, dass sie alles, was sie brauchten, kostenlos von großzügigen Hospitälern, Priestern oder Bürgern bekommen, sondern müssten für ihren Unterhalt selbst aufkommen.

Franziskus fand sich im Zwiespalt. Schließlich hatte er unablässig gegen jeden Eigenbesitz gepredigt und gehandelt. Eine überaus dramatische Episode wird im *Spiegel der Vollkommenheit* erzählt. Während der Vorbereitungen für das Generalkapitel von 1219 oder 1221 war er auf Reisen gewesen. Im Wissen, dass der Orden dra-

matisch angewachsen war, hatte die Kommune von Assisi zur Unterbringung der anreisenden Brüder ein großes Haus aus Stein und Mörtel errichten lassen. Als
Franziskus eintraf, war er entsetzt. Das war etwas völlig
anderes als ihre bisher üblichen strohgedeckten Hütten.
Im Glauben, die Brüder selbst hätten sich dieses Haus zu
ihrer Bequemlichkeit gebaut, stieg er unverzüglich auf
das Dach des Hauses und befahl etlichen Brüdern, es
ihm nachzutun. Sodann riss er der Reihe nach die Dachziegel heraus und warf sie zu Boden. Er hätte das Gebäude vollständig abgerissen, wenn nicht einige Ritter

Die reich verzierte
Unterkirche der
Franziskusbasilika
in Assisi.

aus Assisi eingeschritten wären, die von der Kommune
als Ordnungskräfte für die vielen Schaulustigen abgeord-
net waren, die sich inzwischen von überallher zu den Ka-
piteln der Brüder einfanden. Sie erklärten Franziskus,
dieses Haus gehöre der Kommune von Assisi und verboten ihm, es zu zerstören. Da brach er seine Aktion ab.

Andererseits verstand Franziskus den weisen Rat Bischof Guidos. Er wollte anderen nicht zur Last fallen. So

suchte er einen Kompromiss. Die Brüder sollten sich einfache Häuser aus Holz bauen dürfen; Ziegel, Steine und Dachziegel waren verboten. Ihr Anwesen sollte nur von einer Hecke, nicht aber von einer hohen Mauer umgeben sein dürfen. Für das gemeinsame Gebet sollten sie Kapellen errichten dürfen, aber keine großen Kirchen.

Bücher sollten die Brüder keine besitzen, auch keine Bibeln oder Messbücher. Deren Besitz führte seiner Ansicht nach nur zu Eitelkeit und Stolz.

Andererseits wollte er, dass seine Brüder die Stundengebete mit den Psalmen verrichteten. So schloss er auch hier einen Kompromiss: Verboten waren die großformatigen Bücher zum Studium, wie sie die Dominikaner hatten. Kleine Ausgaben, nicht größer als eine Handfläche, die sich leicht in einen Ärmel schieben ließen, durften die Brüder haben.

Franziskus' Aufbruch

Nicht zufällig beschloss Franziskus nach dem Kapitel von 1219, sich auf seine längste Missionsreise nach Syrien zu begeben. Vielleicht ging es ihm dabei nicht nur darum, den Muslimen das Evangelium zu predigen, sondern auch, sich den Sorgen um die Leitung eines Ordens zu entziehen, für den immer mehr Kompromisse notwendig wurden. Im Rückblick war dies ein Fehler. Ein weiterer Fehler war, dass er ausgerechnet Petrus von Catania mitnahm. Wäre Petrus als einer der Vikare daheim geblieben, hätte er wohl einen Großteil der Verwirrung vermeiden können, die unter der Leitung der Vikare Gregor von Neapel und Matthäus von Narni entstand, die beiden relativ spät in den Orden eingetreten waren.

So dauerte es nicht lange, bis den Orden eine Welle der Unsicherheit erfasste. Nachdem Franziskus etliche Monate abwesend war, kamen Gerüchte auf, er sei tot. Da nahmen es Gregor und Matthäus selbst in die Hand, in den Orden mehr Disziplin zu bringen. Sie verschärften die Fastenvorschriften und schrieben viele Verzichte

„Seine Entscheidung, 1219 Italien zu verlassen, muss ein impulsiver Glaubensakt gewesen sein, der ihn und seine Familie unwiderruflich veränderte."

ADRIAN HOUSE,
*FRANCIS OF ASSISI:
A REVOLUTIONARY
LIFE,* 2000

vor, die über den Geist der Regeln hinausgingen. Um die Missionsarbeit zu erleichtern, erbaten sie sich von der römischen Kurie Privilegien und Empfehlungsschreiben.

Der Gipfel war schließlich, dass einige Brüder feste Gebäude bezogen. In Bologna zum Beispiel sah der Provinzial Petrus Staccia die großen Ausbildungseinrichtungen der Dominikaner und wollte ihnen nicht allzu sehr nachstehen. Als jemand, der vor seinem Eintritt in den Orden Professor für Rechtswissenschaft gewesen war, legte er großen Wert auf eine gute Ausbildung. Franziskus hatte ihm bereits als Ausnahme von der Regel eingeräumt, eine Reihe von Brüdern über Bibel und Liturgie unterrichten zu dürfen. Aber Petrus ging jetzt noch weiter. Er hatte sich (mit Zustimmung der Vikare) ein großes Gebäude schenken lassen, in dem die Brüder wohnen und sich dem Studium widmen konnten.

Kardinal Hugolin war ebenfalls entschlossen, einige seiner Vorstellungen in die Tat umzusetzen. So schrieb er Klaras Orden sowie allen Frauenklöstern seines Gebiets Konstitutionen vor, die er selbst verfasst hatte. Sie sahen für jeden Konvent einen regelmäßigen bischöflichen Visitator vor. Für Klara, deren Kloster bislang nur von Franziskanern visitiert worden war, bedeutete das einen schmerzlichen Eingriff.

Dies alles war den Brüdern, die von den ersten Jahren an mit Franziskus gelebt hatten, zu viel. Viele erhoben lauten Protest. Andere weigerten sich, den Anweisungen der Vikare Folge zu leisten. Wieder andere wollten nicht in festen Gemeinschaften leben, wanderten einfach durch die Gegend und sehnten sich nach ihrem Hirten und Führer.

Franziskus' Rückkehr

Weil Franziskus wusste, dass er nach seiner Rückkehr vom Heiligen Land nicht mehr alles selbst werde regeln können, hatte er sich von dort zwei Brüder mitgenommen, den Provinzialminister von Syrien Elias sowie Caesar, einen sorgfältigen Schreiber. Sie waren starke Führungspersönlichkeiten, von denen er sich Unterstützung erhoffte.

Aber Franziskus erkannte, dass auch dies nicht genügte. Unlängst hatte er als Vorahnung von einer kleinen schwarzen Henne mit gefiederten Beinen, aber den Füßen einer Taube geträumt. Diese Henne hatte derart viele Küken, dass sie unmöglich alle unter ihren Flügeln Platz fanden und deshalb in Kreisen umhertrippelten. Später erklärte er den Traum so: „Ich bin diese Henne: der Statur nach klein, der Natur nach schwarz. Ich muss einfältig wie eine Taube sein und mit den Flügelschlägen der Tugend zum Himmel emporfliegen. Der Herr hat mir in seiner Barmherzigkeit viele Söhne gegeben und

Elias, das schwarze Schaf des Ordens

Elias verfügte über beachtliche Gaben und eine paradoxe Mischung aus Glauben und Stolz. Er war Notar in Bologna gewesen, hatte sich Franziskus angeschlossen und rasch dessen Freundschaft und Vertrauen erworben, vielleicht wegen seines großen Organisationstalents. Franziskus ernannte ihn zum Provinzminister der Brüder in Syrien und 1221 zum Generalminister des ganzen Ordens.

Er war Franziskus in seinen letzten Jahren nahe und laut Thomas von Celano sprach ihm Franziskus sterbend die Segensworte zu: „Du bist mein Sohn. Ich segne dich vor allen und für alle." Nach dem Tod von Franziskus ließ Elias dessen Stigmata beglaubigen und teilte allen Brüdern in einem Brief den Tod ihres Gründers mit.

Aber er scheint die Armutsbotschaft seines Mentors nicht begriffen zu haben. Nach Franziskus' Tod ließ er die große Franziskusbasilika mit ihrer reich geschmückten Unterkirche errichten, die Assisi völlig beherrscht. Als Generalminister wurde er selbstherrlich und ernannte, versetzte und entließ nach seinem Gutdünken die Provinzialminister. Aus Gesundheitsgründen hielt er sich einen eigenen Koch sowie Diener.

Die Konservativen im Orden organisierten schließlich 1239 seinen Sturz. Er schloss sich hierauf Friedrich II., dem Erzfeind des Papstes, an und wurde exkommuniziert. Aber eine kleine Gruppe Brüder hielt zu ihm und für sie errichtete er in Cortona ein Kloster.

Hugolin: ein machiavellistischer Reformer

Für die Formierung seines neuen Ordens wandte sich Franziskus an Bischof Hugolin, den die Ordensbiografen als sehr demütig beschreiben, die Historiker dagegen als verschlagenen Politiker. Letzteres trat spätestens 1227 zutage, als er Papst wurde, Gregor IX. Der Westen war im Aufbruch zu einem Kreuzzug nach Osten. Kaiser Friedrich II. sollte ihn anführen,

war dazu aber nicht bereit – und wurde von Gregor IX. kurzerhand exkommuniziert. Das wirkte; Friedrich zog nach Palästina. Gregor hob die Exkommunikation auf und ließ mit seinem päpstlichen Heer Friedrichs italienisches Gebiet angreifen. Friedrich eilte heim, um sein Gebiet zu verteidigen. Gregor exkommunizierte ihn wieder, weil er den Kreuzzug im Stich gelassen habe.

Hugolin hat sich auch den traurigen Ruhm erworben, der Gründer der Inquisition zur Bekämpfung von Häresien zu sein, mit der er vor allem die Dominikaner betraute. Aber zugleich förderte er das Wachstum der Franziskaner, der Armen Klarissen und der Dominikaner.

Papst Gregor IX. weiht die Kapelle von Subiaco. Fresko aus dem 14. Jh. von Consolo.

Wenngleich dies auch seine päpstliche Macht steigerte, so er wusste auch, dass sie die Kirche von unten her reformieren konnten, so wie er sie von oben her zu reformieren versuchte.

wird mir noch viele weitere geben, die ich nicht aus eigener Kraft werde schützen können."

So kam er auf seiner Rückreise zum zerstrittenen Orden zu dem Schluss: „Daher muss ich sie der heiligen Kirche anvertrauen, die sie im Schatten ihrer Flügel schützen und leiten wird." Bevor er nach Assisi heimkehrte, begab er sich daher nach Rom und zu Kardinal Hugolin, und zusammen mit diesem sprach er beim Papst vor. Er wusste, dass Kardinal Hugolin einige Vorschriften erlassen hatte, die nicht dem Geist des Ordens entsprachen, glaubte jedoch, dass ihm der Orden sehr am Herzen liege. Angesichts des Umstands, dass sein Orden schon viele Tausend Mitglieder zählte, würde Rom versucht sein, immer stärker Einfluss darauf zu nehmen und damit seine Ideale radikaler Armut und Einfachheit weiter auszuhöhlen. So wollte er, statt den Orden direkt der kapriziösen päpstlichen Politik auszuliefern, darum bitten, dass der Papst Kardinal Hugolin zu dessen Protektor ernenne. Das gewährte ihm der Papst tatsächlich.

Hierauf besprachen Franziskus und Kardinal Hugolin das weitere Vorgehen und versuchten, für etliche ihrer gegensätzlichen Vorstellungen Kompromisse zu finden. Sie beschlossen, die beiden Vikare Gregor und Matthäus ihrer Ämter zu entheben und deren Änderungen an der Regel zu widerrufen. Brüder, die sich abgesetzt hatten (etwa Johannes von Capella, der einen eigenen, nur aus Aussätzigen bestehenden Zweig des Ordens gegründet hatte), sollten bestraft werden. Und alle Missionsbrüder sollten mit päpstlichen Einführungsbriefen ausgestattet werden, die ihnen den Zugang zu neuen Gebieten erleichterten.

Franziskus' Abdankung

Ferner erklärte Franziskus, er wolle seine Rolle als Haupt des Ordens abgeben, weil er nicht der Mann sei, der den Orden auf seine nächste Stufe führen könne. Daher wolle er alle Kompetenzen an Petrus von Catania abgeben.

Als er dies auf dem folgenden Generalkapitel von 1220 bekannt gab, brachen viele Brüder offen in Tränen aus. Aber Franziskus blieb dabei, und zum Zeichen dafür, dass Petrus jetzt alle Autorität zustehe, verbeugte er sich vor diesem. Zudem bat er Petrus, ihm einen Gefährten zuzuweisen, „der mir deine Autorität verkörpert und dem ich so gehorchen will, wie ich dir gehorche." Das wolle er tun, um „ein gutes Beispiel zu geben und aus Liebe zur Tugend des Gehorsams."

Der heilige Antonius von Padua, der berühmteste frühe Prediger der Franziskaner. Gemälde von Alvise Vivarini.

Die frühen Biografen stellen es so dar, als habe Franziskus sein Führungsamt leichten Herzens abgegeben. Das dürfte durchaus nicht der Fall gewesen sein. Sein früherer Traum von einer großen Brüderschar, die die Welt erneuern werde, hatte sich erfüllt. Aber er fühlte sich nicht in der Lage, diese neue Situation zu bewältigen, die Organisationstalent, Kompetenz in finanziellen Dingen und kluges kirchenpolitisches Vorgehen erforderte. Und was noch schlimmer war: Inzwischen hatten Entwicklungen stattgefunden, gegen die er vor einem guten Jahrzehnt, als er seinen Orden gegründet hatte, noch ganz energisch gewesen war. Er wusste schlicht und einfach nicht, wie er persönlich seine Ideale beibehalten und zugleich für einen weiter anwachsenden Orden sorgen sollte. Daher beschloss er, den Orden anderen zu übergeben, denen er vertraute.

Aber Franziskus würde bis ans Ende seines Lebens nicht fähig sein, sich ganz herauszuhalten. Zwar gelobte er den Generalministern an der Spitze des Ordens

Antonius von Padua: ein leidenschaftlicher Prediger

Heute rufen viele Katholiken den heiligen Antonius von Padua an, wenn sie etwas verloren haben, oder als Schutzpatron auf Reisen und für eine gesunde Schwangerschaftszeit. Auf Bildern wird er mit dem Jesuskind oder einer Bibel und mit einer Lilie in den Armen dargestellt.

1195 als Adelssohn in Lissabon geboren, trat er mit 15 Jahren bei den Augustinern ein und begann dort sein Studium. Zehn Jahre später erlebte er einen radikalen Umbruch. Eines Tages wurden die Reliquien von in Marokko als Märtyrer gestorbenen Franziskanern durch die Stadt getragen. Das entzündete in Antonius das leidenschaftliche Ideal, für Christus zu sterben. Er bat um Entlassung aus seinem Orden, um Franziskaner zu werden. Von den Franziskanern ließ er sich einige Jahre später als Missionar nach Marokko aussenden. Aber ein Sturm verschlug das Schiff nach Sizilien und von dort aus begab er sich nach Assisi. Dort kam er zur Überzeugung, es sei Gottes Wille, dass er sein weiteres Leben in stillem Gebet und Studium verbringe.

Er empfing die Priesterweihe und bekam im Orden verschiedene Ämter. Am bekanntesten wurde er durch seine Predigten. Die Zuhörer waren von seiner Sprachgewalt und Leidenschaft fasziniert. Zuweilen sollen bis zu 30.000 Zuhörer herbeigeströmt sein, um ihn zu hören. Seine Hauptthemen waren die Ausbeutung der Armen durch eine kleine Oberschicht und die Häresie der Katharer. Ab 1230 verbrachte er sein weiteres Leben in Padua und starb dort bereits mit 36 Jahren. Nach der außerordentlich kurzen Zeit von nur sechs Monaten wurde er heiliggesprochen; 1946 wurde er von Papst Pius XII. zum Kirchenlehrer ernannt.

Gehorsam, äußerte aber immer wieder laut seine eigenen Vorstellungen und Ideale. So schärfte er seinen Brüder zum Beispiel immer wieder ein, sie sollten dem Studium misstrauen: „Ein großer Kleriker muss gewissermaßen sein ganzes Wissen aufgeben, wenn er zum Orden kommt, um sich nackt den Armen des Kreuzes anvertrauen zu können."

Seine Sorge war, wer zu viel Zeit dem Studieren widme, vernachlässige das höhere Gut des Gebets und Dienstes an anderen. Dennoch drängten Kardinal Hugolin und Elias, der nach dem Tod von Petrus von Catania Generalminister wurde, auf eine bessere Ausbildung. Bildung schien ihnen unverzichtbar, wenn der Orden auf lange Sicht in Blüte stehen sollte. Mochte auch Franziskus mit seiner persönlichen Weisheit jenseits aller Bildung überzeugend gepredigt haben, so benötigten doch die meisten Brüder eine Ausbildung, um den Zuhörern ihre Botschaft überzeugend nahebringen zu können.

Eine neue Regel

1222 kamen Kardinal Hugolin und Elias zum Entschluss, angesichts der neuen Situation des Ordens sei es an der Zeit, die Regel neu und präziser zu fassen. Natürlich baten sie zunächst Franziskus, dieses Dokument zu entwerfen. Franziskus zog als Helfer Bruder Bonizzo von Bologna und seinen Gefährten Bruder Leo zu Rate.

Manche der Brüder erschraken sehr, als sie davon erfuhren. Sie befürchteten, er werde die Regel derart verschärfen, dass sie für sie unerträglich werde und drohten, ihr nicht zu gehorchen. Mit dieser Sorge wandten sie sich an Elias. Hierauf begab sich Elias mit einer Abordnung von Brüdern zu Franziskus in die Einsiedelei in den Bergen, in der er damals weilte, und trug ihm das Problem vor.

Franziskus blickte zum Himmel und sprach: „Herr, habe ich dir nicht gesagt, dass sie dir nicht vertrauen würden?" Hierauf, so wird in der *Compilatio Assisiensis* berichtet, erscholl eine Stimme vom Himmel: „Franziskus, nichts in der Regel kommt von dir; alles kommt von mir. Ich will, dass diese Regel auf den Buchstaben, auf den Buchstaben, auf den Buchstaben, ohne Erklärung, ohne Erklärung, ohne Erklärung befolgt wird!"

Da wandte sich Franziskus an die Brüder und sagte: „Habt ihr das gehört? Wollt ihr, dass ich es noch einmal wiederhole?" Und die Brüder, so der Chronist, „zogen sich völlig beschämt zurück und schlugen sich an die Brust."

Diese Erzählung dürfte das Werk späterer Jünger sein, die im Orden unbedingt den Grundsatz der wörtlichen Einhaltung der Regel durchsetzen wollten. Aber sie beschreibt eindrucksvoll, wie sich die Natur der Bruderschaft verändert hatte und wie gespalten sie im Innern war. Selbst Franziskus konnte diese Entwicklungen nicht aufhalten.

Die neue, „Zweite" oder „Spätere" Regel ist heute noch die Grundlage des Franziskanerordens. Sie wurde dem Generalkapitel im September 1223 vorgelegt und die Brüder billigten sie. Im November approbierte sie Papst Honorius III. als offizielle Regel des Ordens, daher heißt sie auch „bullierte Regel" im Unterschied zur ersten oder früheren „nicht bullierten Regel".

Sie trägt in Folge ihrer Entstehung nicht den gleichen Stempel der Persönlichkeit und Vision des Franziskus wie die „Frühere" oder „Erste Regel". Dieses Dokument hat die Instanzen der kirchlichen Bürokratie durchlaufen. Seine Bestimmungen sind klar und praktisch und lassen sich leicht merken; ihm gehen die Poesie und Leidenschaft des Franziskus ab. Der Befehl „nehmt nichts mit auf den Weg" fehlt. Der Befehl, einem Menschen, der einen geschlagen hat, nicht mit Gewalt zu erwidern, ist entfallen. Und vom Recht der Brüder, ihre Oberen im Fall von Amtsmissbrauch zu tadeln, ist nirgendwo mehr die Rede. Wenngleich, viel von der ursprünglichen Vision des Franziskus erhalten geblieben ist, so zeigt die neue Regel doch auch die Anzeichen von Kompromissen.

1 0 .   K A P I T E L

Nachahmung Christi

Thomas von Celano fasst an einer Stelle seiner Lebensbeschreibung Franziskus' Lebenssinn so zusammen: „Sein höchstes Ziel, seine größte Sehnsucht und sein wichtigster Wunsch war es, sich in allem und durch alles an das heilige Evangelium zu halten, der Lehre unseres Herrn Jesus Christus zu folgen und mit größter Wachsamkeit und ganzem Eifer, mit aller Sehnsucht seiner Seele und Glut seines Herzens vollkommen in seinen Fußspuren zu gehen."

Franziskus bestand darauf, dass er und seine Brüder den Geboten ihres Herrn so wörtlich wie möglich gehorchten. Mit dieser Gewohnheit begann er früh. Er las eine Stelle in den Evangelien – die Anweisung Jesu, seine Jünger sollten nur ein Gewand und keine Sandalen haben – und verstand dies als persönlichen Befehl an sich und später auch an seine Brüder. Für ihn war Armut ein Synonym für Gehorsam. Zudem bedeutete Armut nicht nur physische Armut, sondern auch ein Leben der Selbstlosigkeit, der Demut und des Dienstes für Christus.

Aber der Gehorsam war nur ein Teil seines Ansatzes. Er wusste, dass der Gehorsam allein nur in Gesetzeseifer und Selbstgerechtigkeit führen würde. Das christusförmige Leben verlangte mehr.

Das war vor allem eine glühende Liebe. Seine Erste Regel schloss er mit einem ausführlichen Bekenntnis seiner Liebe zu Gott. „Wir alle wollen aus ganzem Herzen, aus ganzer Seele, aus ganzem Sinn, mit aller Kraft und Stärke, mit allen Kräften des Geistes und des Lei-

„Lass uns im Innern geläutert, innerlich erleuchtet, entflammt vom Feuer des Heiligen Geistes fähig sein, den Fußspuren unseres Herrn Jesus Christus zu folgen."

FRANZISKUS, EIN
GEBET IM *BRIEF AN
DEN GANZEN
ORDEN*, 1225–1226

bes, mit aller Hingabe und Zuneigung, aus innerstem Herzen, mit all unserem Wünschen und unserer Willenskraft Gott den Herrn lieben."

Ja, wenn er an dieses Thema rührte, konnte sich kaum mehr beherrschen:

„Überall, an jedem Ort, zu jeder Stunde und zu jeder Zeit, täglich und unablässig, aufrichtig und in Demut wollen wir wahrhaftig und demütig an ihn glauben, ihn im Herzen bewahren und ihn lieben, ihn ehren und anbeten, ihm dienen, ihn loben und benedeien, ihn verherrlichen und hoch erheben, ihn preisen und ihm Dank erweisen, dem höchsten und erhabensten ewigen Gott, dem Dreifaltigen und Einen, dem Vater und dem Sohn und dem Heiligen Geist, dem Schöpfer aller Dinge, dem Erlöser derer, die an ihn glauben, auf ihn hoffen und ihn lieben."

Diese Gottesliebe konzentrierte er in höchstem Maße auf Jesus, die zweite Person der Dreifaltigkeit. Jesus hatte zu ihm vom Kreuz in San Damiano gesprochen. Die Worte Jesu rissen ihn aus seiner Fixierung auf das Materielle und trieben ihn an, ein Leben in Armut zu führen. Und so kam für Franziskus alles darauf an, ganz so wie Jesus – der vollkommene Gott und vollkommene Mensch – zu werden. Jesus nachzuahmen, war das Höchste, was ein Mensch tun konnte.

Eine frühe Stelle in der Ersten Regel zeigt, wie wichtig dies für Franziskus von Anfang seines Ordens an war: „Die Regel und das Leben dieser Brüder ist dies: nämlich in Gehorsam, Keuschheit und ohne irgendwelches Eigentum zu leben und der Lehre und den Fußspuren unseres Herrn Jesus Christus zu folgen".

Franziskus verband den Gehorsam gegenüber Christus mit seiner Liebe zu Jesus; er brachte beides damit zum Ausdruck, dass er ein Leben der reinen Nachahmung Christi führte. So bemerkte Thomas von Celano: „Franziskus pflegte sich regelmäßig in der Betrachtung die Worte Christi ins Gedächtnis zu rufen und sich mit höchster Aufmerksamkeit seine Taten vor Augen zu halten." Und als ob der Leser den springenden Punkt noch nicht erfasst hätte, fügte Thomas hinzu: „Ja, die Demut seiner Menschwerdung und die Liebe seines Leidens beschäftigten derart durch und durch sein Gedenken, dass er kaum an etwas anderes denken wollte."

Der entschiedene Katholik

Franziskus liebte nicht nur Christus, sondern auch alles, was Christus den Menschen „brachte", namentlich Maria, die Mutter Jesu. In einem seiner Loblieder heißt es: „Gegrüßet seist du, hohe Frau, heilige Königin Maria, heilige Mutter Gottes … Gruß seinem Palast! Gruß seinem Tabernakel! Gruß seiner Wohnstatt!"

Genauso verehrte er die Kirche und ihre Priester, weil sie, wie er glaubte, im Altarsakrament Christus den Menschen brachten. Unmittelbar vor seinem Tod diktierte er in einem „Testament" seine letzten Ermahnungen an seine Brüder. Darin heißt es:

Der Herr gab mir und gibt mir immer noch solchen Glauben an die Priester, die nach dem Ritus der heiligen römischen Kirche leben, dass, würden sie mich verfolgen, ich dennoch wegen ihrer Weihe zu ihnen meine Zuflucht nähme … Ich handle solchermaßen, weil ich in dieser Welt vom höchsten Sohn Gottes nichts leibhaftig sehe außer seinen heiligen Leib und sein Blut, und das empfangen sie und reichen es den anderen.

In einer anderen Ermahnung an seine Brüder setzte er die Inkarnation nahezu mit dem Sakrament der Kommunion gleich: „Wie er (Jesus) sich den heiligen Aposteln in wahrem Fleisch offenbarte, so offenbart er sich jetzt uns im heiligen Brot … Auf diese Weise ist der Herr immer mit seinen Gläubigen."

Die lebendige Krippe

Nachdem Franziskus 1220 die Leitung seines Ordens an andere abgegeben hatte, verbrachte er mehr Zeit denn je im Gebet und bemühte sich um eine noch intensivere Nachahmung Christi. Während dieser seiner letzten Jahre kam es zu zwei der denkwürdigsten Ereignisse seines Lebens. Beide sind auf ihre je eigene Art ein Gipfel-

„Höher als alle anderen Feste pflegte er die Geburt des Jesuskindes zu feiern. Das sei das Fest der Feste, an dem Gott ein kleines Kind wurde und an menschlichen Brüsten hing."

THOMAS VON CELANO, *DAS LEBEN DES HL. FRANZISKUS*, 1228–1229

Madonna und Kind mit Engeln, von Duccio di Buoninsegna.

punkt der Erfüllung seines Wunsches, Christus in allem nachzuahmen.

Das erste bezog sich auf die Anfänge des Lebens Jesu auf der Erde. Für Franziskus kam fast kein Fest des Kirchenjahres an das Weihnachtsfest heran. Das Bild des Jesuskindes in den Armen seiner Mutter bewegte ihn ungemein. Zuweilen kamen ihm die Tränen, wenn er sich die Armut vor Augen hielt, in die der Sohn Gottes hineingeboren wurde. Als eines Tages ein Bruder bei einer Mahlzeit auf die demütigen Umstände der Geburt Jesu zu sprechen kam, fing Franziskus zu schluchzen an, verließ den Tisch und verzehrte den Rest seiner Mahlzeit auf dem schmutzigen Fußboden, um die Armut der Geburt Christi zu ehren.

Als einmal Weihnachten auf einen Freitag fiel, fragte ihn Bruder Morico, ab sie Fleisch essen sollten, wo doch der Freitag gewöhnlich ein Fasttag sei. Erzürnt erwiderte Franziskus: „Bruder, du sündigst, wenn du den Tag, an dem ‚ein Kind uns geboren ist‘, einen Freitag nennst. Ich möchte, dass an diesem Tag sogar die Wände Fleisch essen, und wenn sie das nicht können, dass man sie wenigstens mit Fett einreibt!"

Über Weihnachten 1223 weilte Franziskus in einer Einsiedelei auf einem von Grotten übersäten, bewaldeten Berg, den ihm sein Freund und inzwischen Jünger, Johannes Velita, Ritter von Greccio, zur Verfügung gestellt hatte. In der Heiligen Nacht wollte er „leibhaftig die Geburt des Kindes in Betlehem darstellen, um soweit wie möglich mit meinen eigenen Augen zu sehen, welche Entbehrung es litt, als es in einer Krippe lag und unter den Augen von Ochs und Esel auf Heu ruhen musste". Dieses Vorhaben gab er bekannt, so dass zu dieser Feier sowohl etliche Brüder als auch Menschen aus der Gegend herbeikamen.

Thomas von Celano beschreibt die Szene: Mit Kerzen und Fackeln stiegen die Menschen den Berg hinauf. An der vorgesehenen Stelle hatte Franziskus mit Ochs und Esel und einer Krippe voller Heu, in der ein Säugling schlief, die Weihnachtsszene als lebendiges Bild dargestellt. Ein Priester feierte die Messe und Franziskus sang als Diakon das Evangelium vor und predigte über „die Geburt des armen Königs und die arme Stadt Betlehem". Am Schluss, so Thomas, „gingen alle voller Freude heim, weil der Einfachheit so große Ehre erwiesen, die Armut erhöht und die Demut empfohlen worden war".

Von dieser Krippenfeier in Greccio soll der Brauch herrühren, der sich in ganz Europa verbreitete, das Geschehen der Weihnacht szenisch nachzustellen, sei es mit Krippenspielen oder mit Krippenfiguren.

„In allem wollte er dem armen, leidenden, nackten Christus am Kreuz gleichförmig werden."

BONAVENTURA,
*LEGENDA MAIOR
S. FRANCISCI,*
1260–1263

Franziskus empfängt die Wundmale Jesu
Das zweite Ereignis ist stärker mystischer Natur. Dabei wurde Franziskus dem gekreuzigten Jesus ganz besonders ähnlich. Er hatte sich im September 1224 mit einigen Gefährten, darunter Leo und Angelo, zu einer vierzigtägigen Einkehrzeit in die Einsamkeit des Berges Alverna in der Toskana zurückgezogen, den ihm elf Jahre zuvor Graf Orlando zur Verfügung gestellt hatte. Ungefähr um das Fest der Kreuzerhöhung (14. September) wurde Franziskus beim Gebet eine Vision zuteil. Er sah über sich einen Engel mit sechs Flügeln, der mit ausgebreiteten Armen an ein Kreuz geheftet war.

Bonaventura schreibt in der *Legenda Maior*, Franziskus sei „von Freude erfüllt worden, dass Christus auf solch huldvolle Art in der Erscheinung eines Seraphs auf ihn herabblickte, aber der Umstand, dass er an ein Kreuz geheftet war, durchbohrte seine Seele mit einem Schwert tiefen Mitleidens". Zugleich ging ihm auf, dass er berufen sei, „vollkommen in das Ähnlichsein mit dem gekreuzigten Christus umgewandelt zu werden". Dazu sei ihm aber nicht das Martyrium bestimmt, nach dem er sich sein Leben lang gesehnt hatte, sondern „das Entbrennen seiner Seele".

Als die Vision verging, so Bonaventura, „hinterließ sie in seinem Herzen ein wunderbares Feuer und prägte

*Franziskus
empfängt die
Wundmale* – der
Gipfelpunkt sei-
nes Verlangens in
der Nachfolge
Christi seinem
Herrn ähnlich zu
werden Gemälde
von Giotto di
Bondone.

Andere Stigmatisierte

Im 20. Jahrhundert waren die bekanntesten Stigmatisierten der Kapuzinerpater Pio
da Pietrelcina (1887–1968) in Süditalien
und die Bauernmagd Theresia Neumann
(1898–1962) aus Konnersreuth in der
Oberpfalz. Pater Pio wurden die Wundmale
im September 1918 als 31-Jährigem zuteil,
während er vor einem Kruzifix betete. Er
trug sie jahrzehntelang; bei seinem Tod im
Jahr 1968 waren sie nicht mehr zu sehen.
Theresia Neumann erhielt sie 1926 im Alter
von 28 Jahren. Sie blieben ihr bis zu ihrem
Tod, waren zeitweise von einer dünnen
Haut verschlossen und brachen immer wieder einmal auf. Theresia soll dreißig Jahre
lang nur von der Kommunion gelebt
haben. Pater Pio wurde 1999 selig gesprochen; das Seligsprechungsverfahren für
Theresia Neumann wurde 2005 eingeleitet.

Die römisch katholische Kirche aner-
kennt nur mit großer Zurückhaltung die
Echtheit von Stigmata und die wunderbare
Natur dieses Phänomens, zumal im Lauf
der Jahrhunderte manche sich selbst oder
anderen vormachten, sie hätten sie empfangen.

seinem Fleisch auf nicht weniger wunderbare Weise ähnliche Zeichen ein". Unverzüglich brachen an seinem Körper Wunden auf, je eine an jeder Hand und jedem Fuß und an seiner Seite. Sie sollten sein ganzes weiteres Leben hindurch immer wieder aufbrechen und bluten.

Diese Zeichen nannte man später *stigmata*, nach dem griechischen Wort *stigma* für „Brandzeichen" oder „Narbe". Der Begriff findet sich im Galaterbrief von Paulus, wo er sagt: „Ich trage die Zeichen (stigmata) Jesu an meinem Leib" (Galater 6,17). Diese Zeichen wurden von Franziskus und seinen Anhängern als endgültiger Beweis dafür verstanden, wie ähnlich er Christus geworden war.

Zuerst versuchte Franziskus die Wundmale zu verbergen, sogar vor seinen engsten Anhängern, aber es ließ sich nicht vermeiden, dass sie sie sahen, wenn sie ihn während seiner Krankheit pflegten. Als sie ihn bedrängten, ihnen deren Herkunft zu erklären, erzählte er ihnen schließlich, was geschehen war. Sie sollten es aber so weit wie möglich geheim halten. Zur Zeit seines Todes hatten inzwischen rund fünfzig Brüder sowie Klara und eine Reihe ihm nahestehender Laien die Wundmale gesehen und berührt.

Es besteht kein Grund zum Zweifel, dass Franziskus diese Wundmale tatsächlich hatte; die Zeugenaussagen sind überwältigend. Zudem beschrieb sie unter anderen Thomas von Celano bis ins Detail: „Die Male waren auf der Handinnenseite rund, auf der Außenseite aber länglich, und es waren kleine Stückchen Fleisch zu sehen, die aussahen wie gebogene, flache Nägel."

Wie diese Wunden entstanden, ist eine andere Frage. Manche Fachleute, darunter auch Katholiken wie der verstorbene Jesuit Herbert Thurston, glauben, sie ließen sich als eine Körperreaktion auf intensive ekstatische und psychische Erfahrungen erklären: Weil Franziskus sich derart intensiv danach sehnte, ganz und gar wie Christus zu werden, habe sein Geist seinen Körper so weit gebracht, dass er die Wunden der Kreuzigung

herbeigeführt habe. Andere vermuten, die Wunden
seien eine Äußerung des Umstands gewesen, dass sich
Franziskus den Aussatz und/oder die Tuberkulose zugezogen habe. Oder vielleicht habe sich Franziskus die
Wunden selbst beigebracht, nicht in der Absicht, andere
zu täuschen, sondern als eine weitere seiner dramatischen Demonstrationen, um zur lebenden Metapher der
Nachahmung Christi zu werden.

Letztlich übersteigt es die Möglichkeiten der Wis-
senschaft oder Geschichtsforschung, die tatsächliche Ur-
sache der Stigmata festzustellen. Franziskus und seine
Anhänger glaubten bestimmt, dass die Wundmale ein
Wunder waren. Für Bonaventura und andere war das
Wichtigere daran, dass sie ein geistliches Leben krön-
ten, das mit einer Offenbarung vor dem Kreuz begonnen
hatte und ganz der Nachahmung Christi geweiht war. Bonaventura sagte es so: „Denn das Kreuz Christi, das dir
zu Beginn deiner Bekehrung dargeboten wurde und das
du angenommen und von diesem Augenblick an dein
ganzes höchst bewährtes Leben hindurch ständig getragen hast, … zeigt mit ganz klarer Gewissheit, dass du
schließlich den Gipfel der Vollkommenheit des Evangeliums erreicht hast."

11. KAPITEL

Bruder Sonne

Ungefähr eine Woche, nachdem er die Wundmale empfangen hatte, kehrte Franziskus über Borgo, San Sepolcro, Monte Casale und Città di Castello nach Portiunkula zurück. Er ritt dabei auf einem Esel, weil er nicht mehr die Kraft zum Gehen hatte. Anschließend unternahm er eine Predigtreise durch Umbrien und die Marken. Derweil erkrankte er immer stärker an Magen, Leber und Milz und seine Augenprobleme nahmen zu. Im Frühjahr 1225 ließ er sich eine Zeit lang in San Damiano von Klara und ihren Schwestern pflegen.

Nach langem Drängen von Bruder Elias, der jetzt Leiter des Ordens war, ließ er sich ärztlich behandeln. Bis ans Ende seines Lebens musste er schmerzhafte dilettantische Augenbehandlungen ertragen, etwa eine

Die Vogelpredigt des heiligen Franziskus, Fresko des Maestro di San Francesco von ca. 1260 in der Unterkirche der Franziskusbasilika in Assisi. Die Vögel sollen still geworden sein, als er zu ihnen predigte.

Ausbrennung des Fleisches um die Augen vom Ohr bis zu den Augenbrauen mit einem rotglühenden Eisen. Aber keine Methode brachte etwas. Er ertrug nicht mehr das Sonnenlicht, und selbst das Licht des Feuers schmerzte seinen Augen. Vor Schmerzen konnte er oft nicht schlafen.

Aber es war typisch für ihn, dass er gerade da, als sein körperlicher Zustand sich rapid verschlechterte und er die Schönheit der Natur gar nicht mehr betrachten konnte, eines der feinsinnigsten Gedichte aller Zeiten schuf. Es bildete den Gipfelpunkt eines Themas, das sein Leben und Wirken durchzog.

Die Liebe zur Natur

Die Geschichten über Franziskus' Beziehung zu den Geschöpfen wirken zum Teil recht fantastisch; manche entlehnen Themen aus der griechischen Mythologie. Ihre historische Authentizität lässt sich anfechten, sie aber als reine Erfindungen anzusehen, käme ihnen nicht gerecht. Aus den frühesten Quellen ergibt sich insgesamt das Bild einer außergewöhnlichen Beziehung des Franziskus zur Schöpfung.

Thomas von Celano erzählt, einmal habe ein Bruder in der Nähe von Greccio ein lebendiges Kaninchen, das in eine Falle geraten war, zu Franziskus gebracht. Der sei bei dessen Anblick „von großer Zärtlichkeit bewegt" worden und habe gesagt: „Bruder Kaninchen, komm zu mir. Warum hast du dich fangen lassen?" Der Bruder habe das Kaninchen laufen lassen und es sei Franziskus in die Arme gesprungen. Dieser habe es „mit mütterlicher Zuneigung liebkost" und es auf den Boden gesetzt, damit es in den Wald zurückeile. Aber nach einigen zögerlichen Hopsern sei es wieder zu Franziskus zurückgehüpft. Das habe sich mehrmals wiederholt, bis Franziskus einen Bruder angewiesen habe, das Kaninchen etwas weiter fort zu tragen und erst dann freizusetzen.

Die gleiche Geschichte soll sich noch einmal mit einem anderen Kaninchen auf einer Insel im Trasimeni-

„Meine Brüder Vögel, preist euren Schöpfer und dankt ihm allezeit. Er gab euch …, was immer ihr braucht."

VOGELPREDIGT DES FRANZISKUS IN SEINER *LEBENS-BESCHREIBUNG* VON THOMAS VON CELANO, 1228–1229

„Von der Überlegung her, worin alles seinen gemeinsamen Ursprung habe, nannte er alle Geschöpfe, auch noch die kleinsten, seine ‚Brüder' und ‚Schwestern'".

BONAVENTURA, *LEGENDA MAIOR S. FRANCISCI*, 1260–1263

Der Wolf von Gubbio

In den *Fioretti* („Blümlein") des heiligen Franziskus wird erzählt, ein riesiger Wolf vor der Stadt habe Gubbio in Angst und Schrecken versetzt. Zu Arbeiten außerhalb der Stadt seien die Bewohner nur noch schwer bewaffnet hinausgegangen, so als zögen sie in den Krieg.

Als Franziskus die Stadt besucht habe, sei er aus Mitleid mit der geplagten Bevölkerung nur in Begleitung eines Bruders hinausgegangen, um mit dem Wolf zu sprechen. Der Wolf sei ihm mit aufgerissenem Rachen entgegengestürzt. Franziskus habe das Zeichen des Kreuzes gemacht, worauf er wie angewurzelt stehen geblieben sei. „Komm' her zu mir, Bruder Wolf", habe Franziskus gesagt, und der Wolf habe

gehorcht. „Im Namen Christi befehle ich dir, mich und niemand anderen mehr zu verletzen." Darauf habe er ihm eine Strafpredigt gehalten, weil er „gnadenlos Gottes Geschöpfe vernichte" und geschlossen: „Du musst mir versprechen, dass du niemals mehr ein Tier oder einen Menschen verletzt."

Der Wolf habe sich mit einem Kopfnicken einverstanden erklärt, worauf ihn Franziskus in die Stadt mitgenommen, den Leuten und dem Wolf eine Predigt gehalten und sie verpflichtete habe, einander nicht mehr zu jagen. Das Volk habe sich dazu bereit erklärt und der Wolf zum Schwur die rechte Pfote erhoben. „Von diesem Tag an hielten der Wolf und das Volk den von Franziskus geschlossenen Vertrag", schließt die Erzählung.

Diese Legende entspricht dem griechischen Mythos von Herakles, der den Löwen bändigt. Aber Herakles tötete, Franziskus dagegen versöhnte mit der Kraft Christi Mensch und Natur.

schen See zugetragen haben, und außerdem auch mit einem Fisch im See von Rieti. Dort saß Franziskus einmal in einem Boot und man reichte ihm eine Schleie, die man gerade gefangen hatte. Auch sie nahm er als „Schwester" in die Arme und setzte sie dann wieder ins Wasser, und sie folgte hierauf ständig dem Boot, bis Franziskus ihr ausdrücklich erlaubte, wegzuschwimmen.

Eine ganz besondere Zuneigung scheint Franziskus zu Schafen gehabt zu haben. Auf seiner Reise durch die Marken begegnete er einem Mann, der mit zwei kleinen Lämmern auf den Schultern zum Markt unterwegs war. Als er die blökenden Lämmchen sah, eilte er hinzu „und berührte sie, wie eine Mutter ein weinendes Kind".

Er fragte den Mann, warum er seinen „Brüdern Lämmern" Leid zufüge, indem er sie „so fessle und aufhänge". Der Mann erwiderte, er wolle sie verkaufen. Dann würden sie geschlachtet und gegessen. Da rief Franziskus: „Das darf nicht geschehen!", zog eilends den schweren, wertvollen Mantel aus, den er sich wegen des kalten Wetters geliehen hatte, und tauschte dafür die beiden Lämmer ein, was für den Mann ein gutes Geschäft war.

Seit Franziskus einen Text über Jesus gelesen hatte, in dem diesem der Satz „Ein Wurm bin ich, kein Mensch" in den Mund gelegt worden war, hatte Franziskus sogar ein besonderes Mitleid mit den Würmern. Sooft er einen auf dem Weg sah, hob er ihn auf und brachte ihn in sichere Entfernung, damit er nicht zertreten werde.

Diese letzte Geschichte offenbart das Wesen der ökologischen Sensibilität von Franziskus. Ihr Grund war keine abstrakte Naturliebe oder die zivilisationsmüde, romantische Vorstellung, dass „das Wilde die Welt erhält" (H. D. Thoreau). Für Franziskus war die Natur eine lebendige Metapher seiner Beziehung zu Gott.

Er entnahm seine Stichworte der Bibel. Darin steht im Buch Daniel (3,51–90) der „Lobgesang der drei jungen Männer", ein litaneiartiger Aufruf an alle Elemente – Regen, Tau, Wind, Feuer, Hitze, Frost, Blitz, Berge, Pflan-

Seite gegenüber: Franziskus versöhnt einen gefährlichen Wolf mit den Bürgern von Gubbio. Gemälde von Sassetto (1437–1444).

zen, Vögel usw. –, den Schöpfer zu verherrlichen. Franziskus las ihn oft; er gab ihm das Hauptthema für seine Begegnung mit den Geschöpfen vor. Zudem riefen bei ihm als ständigem Bibelleser viele Geschöpfe Assoziationen mit biblischen Natur-Metaphern wach. Er hatte seine Freude an der Schönheit der Blumen, weil sie „der Wurzel Jesse" entsprangen, einem biblischen Bild für Christus. Durch den Duft dieser Blume, pflegte er zu sagen, seien „unzählige Tausende vom Tod auferweckt worden". Und wann immer er an einer Blumenwiese vorbeikam, erzählt Thomas von Celano, „predigte er dem Blumen und forderte sie auf, den Herrn zu preisen". Einen Bruder wies er an, im Gemüsegarten Platz für Blumen zu lassen, „aus Liebe zu dem, der die Rose des Feldes und die Lilie auf den Bergeshängen genannt wird".

Schafe mochte Franziskus besonders gern, weil sie ihn an Jesus, das Lamm Gottes, erinnerten, durch dessen Leiden und Tod das Heil in die Welt gekommen war. Als er einmal ein Schaf mitten in einer Ziegenherde sah, kam ihm unverzüglich das Bild, wie sich Jesus sanft und demütig mitten unter den Pharisäern und Hohepriestern aufgehalten hatte. Und als er einmal im Kloster San Verecondo war und man ihm sagte, eines der neugeborenen Lämmer des Klosters sei von einem Hausschwein getötet worden, rief er aus: „Ach Bruder Lamm, unschuldiges Tier, immer musst du den Menschen Christus vor Augen führen!"

Der „Sonnengesang"

Als Franziskus infolge seiner Krankheiten körperlich immer mehr eingeschränkt wurde, wandte er seine Gedanken umso stärker den Schönheiten von Gottes Schöpfung zu. Während er in San Damiano von den Schwestern gepflegt wurde und schon fast blind war, betete er eines Tages um die Kraft, seine Leiden tragen zu können, und es war ihm, als sage Gott zu ihm: „Sei froh und freue dich inmitten deiner Krankheiten und Beschwerden. Lebe so in Frieden, als wärest du bereits

Preist den Herrn, all ihr Werke des Herrn,
lobt ihn und erhebt ihn in Ewigkeit! ...

Preist den Herrn, Sonne und Mond,
lobt ihn und erhebt ihn in Ewigkeit!
Preist den Herrn, ihr Sterne am Himmel,
lobt ihn und erhebt ihn in Ewigkeit!
Preist den Herrn, aller Regen und Tau,
lobt ihn und erhebt ihn in Ewigkeit!
Preist den Herrn, all ihr Winde,
lobt ihn und erhebt ihn in Ewigkeit!
Preist den Herrn, Feuer und Glut,
lobt ihn und erhebt ihn in Ewigkeit!
Preist den Herrn, Frost und Hitze,
lobt ihn und erhebt ihn in Ewigkeit!
Preist den Herrn, Tau und Reif,
lobt ihn und erhebt ihn in Ewigkeit! ...

Preist den Herrn, ihr Berge und Hügel,
lobt ihn und erhebt ihn in Ewigkeit!
Preist den Herrn, all ihr Gewächse ...,
lobt ihn und erhebt ihn in Ewigkeit!
Preist den Herrn, ihr Quellen,
lobt ihn und erhebt ihn in Ewigkeit!
Preist den Herrn, ihr Meere und Ströme,
lobt ihn und erhebt ihn in Ewigkeit!
Preist den Herrn, ihr Meerestiere
und was sich regt im Wasser,
lobt ihn und erhebt ihn in Ewigkeit!
Preist den Herrn, all ihr Vögel ...,
lobt ihn und erhebt ihn in Ewigkeit!
Preist den Herrn, all ihr Tiere
der Wälder und Auen,
lobt ihn und erhebt ihn in Ewigkeit!

DANIEL 3,57.62–68.75–81

*„Man sieht
heute als großes
Problem den all-
gemeinen Wer-
teverfall. Für
Franziskus war
der oberste Wert
Gott. Gott gab
allem anderen
seinen Wert."*

CONRAD HAWKINS
OFM, ST BONAVEN-
TURE UNIVERSITY,
NEW YORK,
CHRISTIAN HISTORY
MAGAZINE, 1994

meines Königreichs teilhaftig!" So beschloss er, noch intensiver „meinen Trost in ihm zu suchen und ihm zu danken: Gott dem Vater, seinem einzigen Sohn, unserem Herrn Jesus Christus und dem Heiligen Geist … Wir schätzen es viel zu wenig, dass wir tagtäglich gesegnet werden, denn wir preisen den Schöpfer und Geber aller Gaben viel zu wenig." Und so beschloss er, einen Lob- und Dankgesang an Gott für seine ganze Schöpfung zu verfassen. Später wurde er als der „Sonnengesang" bezeichnet, weil er mit dem Dank für die Sonne beginnt. Er lautet in seiner ersten Fassung so:

Höchster, allmächtiger, gütiger Herr,
*   Dein sind der Lobpreis, die Herrlichkeit, die Ehre*
*   und jegliche Segnung.*
Dir allein, Höchster, gebühren sie,
*   und kein Mensch ist würdig, Deinen Namen zu nennen.*

Gelobt seist Du, Herr, mit allen Deinen Geschöpfen,
*   besonders dem Herrn Bruder Sonne,*
*   welcher der Tag ist, und durch den Du uns leuchtest.*
*   Und er ist schön und strahlend mit großem Glanze,*
*   von Dir, Höchster, trägt er den Sinn.*

Gelobt seist Du, Herr, für Schwester Mond und die Sterne.
*   Du hast sie im Himmel gebildet, hell, köstlich und*
*   schön.*

Gelobt seist Du, Herr, für Bruder Wind
*   und für Luft und Wolke und Himmelsblau*
*   und jedwedes Wetter,*
*   wodurch Du Deine Geschöpfe erhältst.*

Gelobt seist Du, Herr, für Schwester Wasser,
*   gar nützlich ist sie und demütig und köstlich*
*   und keusch.*

Gelobt seist Du, Herr, für Bruder Feuer,
  durch den Du die Nacht erleuchtest,
  und schön ist er und fröhlich und rüstig und stark.

Gelobt seist Du, Herr, für unsere Schwester,
die Mutter Erde,
  die uns erhält und uns leitet
  und mancherlei Früchte hervorbringt
  nebst bunten Blumen und Kräutern.

Die beiden folgenden Strophen fügte er später noch hinzu:

Gelobt seist Du, Herr, für alle, welche verzeihen
aus Liebe zu Dir,
  und Krankheit ertragen und Not,
  selig, die ausharren in Frieden,
  denn sie werden, Höchster, durch Dich die Krone
  empfangen.

Musik und Gesang von Franziskus

Auch die Menschen im Mittelalter lebten mit Musik und Gesang. In den Kirchen sangen Mönche und Kleriker tagtäglich stundenlang und *a cappella* das Chorgebet im melodiösen Gregorianischen Choral.

Außerhalb der Kirchen stellten Könige und Adlige für ihre Gastmähler Musikanten mit Harfen und Lauten an. Das gewöhnliche Volk sang Volkslieder und tanzte an Festtagen zur Musik von Flöten und Trommeln. Gegen 1400 verfügten die meisten Städte über eine Bürgerkapelle mit professionellen Musikern, die bei offiziellen Prozessionen und Festen auftraten.

Zur Zeit des Franziskus gab es in ganz Frankreich und Italien reisende Musikanten und Sänger, die Troubadoure. Ihre Lieder wurden oft von einer Fiedel begleitet, die größer als eine heutige Geige war und die der Musikant auf dem Schoß hielt. Die Lieder handelten weithin von den Freuden romantischer Liebe.

Franziskus liebte die Musik von Jugend an. Er hielt sich ans Vorbild der Troubadoure, wenn er umherzog und predigte und von der Liebe sang, in seinem Fall von der Liebe Gottes. Die schönste Frucht seines Lebens aus dieser Tradition ist sein „Sonnengesang".

*Gelobst seist Du, Herr, für unsere Schwester, den leiblichen
Tod, dem kein lebender Mensch entrinnen kann.
Weh jenen, die in Todsünden verscheiden.*
    *Selig, die Deinem heiligsten Willen sich fügen,
        denn der zweite Tod wird ihnen kein Leid antun.*

*Lobet und preiset den Herrn und saget Ihm
Dank
und dient Ihm in großer Ergebung.*

Dieser Gesang wurde rasch ungemein beliebt. Zum Teil sangen ihn die Brüder zum
Schluss ihrer Predigten und verkündeten
den Zuhörern: „Wir sind die Minnesänger
Gottes, und ihr könnt uns für unser Lied
bezahlen, indem ihr ein Leben in Buße
führt."

Als Franziskus erfuhr, dass der Bürger-
meister und der Bischof von Assisi in
einer schrecklichen Fehde miteinander
lagen, schickte er einen Bruder zu einer
ihrer Verhandlungen, der ihnen den „Sonnengesang" vorsingen sollte. Dafür hatte
er eigens noch die Strophe „Gelobt seist
Du, Herr, für alle, welche verzeihen aus
Liebe zu Dir …" verfasst und eingefügt.

Als die streitenden Parteien diesen Gesang hörten, wurden sie davon so bewegt, dass sie ihren
Hass aufeinander bereuten und sich miteinander versöhnten.

Dieser Gesang versöhnte also nicht nur
Franziskus mit seinem Geschick, sondern auch
Menschen untereinander und mit ihrem Gott.

Pergament mit
einer handschrift-
lichen Mitteilung
von Franziskus an
Bruder Leo.

Schwester Tod

Bevor Franziskus San Damiano verließ, dichtete er auch noch ein Lied für die Armen Frauen, die ihn so umsichtig betreut hatten. Zudem schrieb er ihnen im Sommer 1225 einen Brief, in dem er sie aufforderte, weiterhin in ihrem „strengen und armen" Leben „zu leben und zu sterben".

Auf Befehl des Papstes musste er sich nach Rieti begeben, einen Außensitz des päpstlichen Hofes, wo es einige der besten Ärzte Italiens gab, von denen er sich behandeln lassen sollte. Das Reisen, selbst das Reiten auf einem Esel, war für ihn äußerst beschwerlich. Man musste ihm mit einem Tuch die ständig tränenden Augen bedecken, denen das Sonnenlicht nur noch Schmerzen bereitete. Er litt sehr – sowohl unter dem Umstand, im Gehorsam zu einem Aufwand gezwungen zu werden, den er nicht wollte, als auch unter den damaligen ärztlichen Methoden.

Sein Erscheinen in Rieti erregte ungeheures Aufsehen, denn inzwischen war er weit und breit als lebender Heiliger bekannt. Die Menschen ließen alles stehen und liegen, strömten herbei, suchten seinen Rat und Trost oder auch nur das Erlebnis, persönlich die Gegenwart des bekannten Mannes zu erleben.

Um ihn diesem Massenauflauf zu entziehen, brachte man ihn zu einer fünf Kilometer von Rieti entfernten Landkirche. Aber auch dort strömten die neugierigen Besucher bald in Scharen herbei, seien es Kardinäle, Bischöfe, Kleriker oder einfache Leute. So zog er sich schließlich in eine Einsiedelei in den Wäldern von Fonte Colombo zurück, in der er seinerzeit seine Regel vollendet hatte. Er erhielt weitere Augenbehandlungen, aber ohne Erfolg.

„Hört, ihr vom Herrn Berufenen Armen … Lebt immer in Wahrheit, damit ihr im Gehorsam sterbt. Schaut nicht auf das äußere Leben, denn das Leben im Geist ist besser."

FRANZISKUS, „LIED DER ERMAHNUNG AN DIE ARMEN FRAUEN VON SAN DAMIANO", 1225

Elias und Kardinal Hugolin veranlassten eine Reise nach Siena, um weitere Ärzte zu konsultieren. Aber dort begann er sich bald nach seiner Ankunft blutig zu erbrechen. Alle meinten, das sei das Ende. Doch er erholte sich, erlebte jedoch hierauf einen weiteren Rückschlag.

Heutige Medizinwissenschaftler vermuten, Franziskus habe unter Osteoporose, fataler Mangelernährung (wohl wegen seines extremen Fastens), vielleicht Tuberkulose, einem Magen-Darm-Geschwür und den Nachwirkungen von Malaria gelitten (die er sich in Nordafrika zugezogen hatte). Sein Magen begann anzuschwellen,

Die Medizin im Mittelalter

Neben Krankheiten, die uns heute noch bekannt sind, hatten die Menschen im Mittelalter unter heute kaum mehr bekannten Plagen wie Pocken, Aussatz, Antoniusfeuer und Veitstanz zu leiden, die infolge von zu enger und ungesunder Wohnverhältnisse und Mangelernährung verbreitet wurden.

Damals glaubte man allgemein, Krankheiten würden durch ein Ungleichgewicht der vier Körpersäfte Blut, Schleim, schwarze Galle und gelbe Galle verursacht. Heilung verstand man als Wiederherstellung dieses Gleichgewichts. Dazu wandte man vorwiegend Brenneisen, Aderlass, Diät und pflanzliche Medizin an. Am beliebtesten war der Aderlass. Jeder Krankheit waren bestimmte Adern zugeordnet, die man öffnete. Das Blut untersuchte man auf seinen Geruch und Fettgehalt.

Später standen den Ärzten ausführliche illustrierte Tabellen für die Auswertung des Urins der Patienten je nach Farbe, Geruch und Ablagerungen zur Verfügung; außerdem astrologische Kalender und Tabellen. Gegen Ende des Mittelalters sezierte man erstmals Leichen, um weitere medizinische Kenntnisse zu erwerben.

dann taten das auch infolge von Wassersucht seine Beine und Füße, und er konnte keine Nahrung mehr aufnehmen. Elias ließ ihn eilends nach Assisi bringen, damit er in seiner Heimatstadt sterben könne.

Die letzten Monate

Während dieser letzten Monate seines Lebens machte sich Franziskus zudem schwere Sorgen um seinen Orden. Er hatte als dessen Haupt 1220 formell abgedankt und sich im Gehorsam dem neuen Generalminister Petrus und dann (ab 1221) Elias unterworfen. Aber der stetig wachsende Orden nahm zunehmend eine Gestalt an, mit der er nicht einverstanden war. Er brauchte immer mehr Verwaltungsebenen sowie Milderungen der Regel, damit auch die schwächeren Mitglieder, die nicht von seiner ursprünglichen Vision gepackt waren, das Leben darin aushielten. Vielleicht ahnte er auch schon, dass Elias den Orden nach seinem Tod autoritärer führen und einen großzügigeren Lebensstil zulassen würde.

Buchmalerei aus dem 12. Jh.: Patienten werden wegen Hämorrhoiden, Nasenpolypen und Grauem Star behandelt.

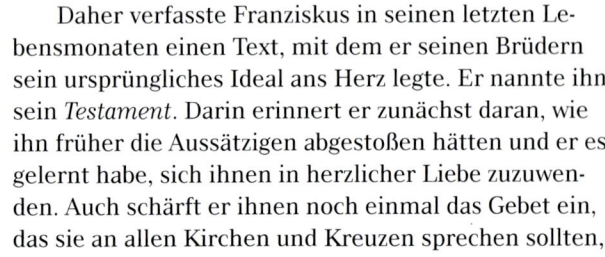

Dieses Reliquiar
soll Knochen aus
der Hand Johan-
nes des Täufers
enthalten.

Daher verfasste Franziskus in seinen letzten Le-
bensmonaten einen Text, mit dem er seinen Brüdern
sein ursprüngliches Ideal ans Herz legte. Er nannte ihn
sein *Testament*. Darin erinnert er zunächst daran, wie
ihn früher die Aussätzigen abgestoßen hätten und er es
gelernt habe, sich ihnen in herzlicher Liebe zuzuwen-
den. Auch schärft er ihnen noch einmal das Gebet ein,
das sie an allen Kirchen und Kreuzen sprechen sollten,

Die Franziskus-Reliquien kehren heim

Elias ließ den sterbenden Franziskus auf schnellstem Wege
nach Assisi bringen. Es war wichtig, dass er dort starb und
beigesetzt wurde, damit seine Heimatstadt seine Reliquien bergen konnte.

Die mittelalterliche Frömmigkeit war stark auf die
Heiligen und deren *reliquiae* („Überreste") konzentriert.
Diese ermöglichten den physischen Kontakt mit den bei
Christus lebenden Heiligen, von denen man glaubte, sie
seien bei ihren Überresten besonders dicht gegenwärtig.
So pilgerten die Menschen zum heiligen Petrus nach Rom,
zu Jakobus nach Compostela und Thomas Becket nach
Canterbury – und zu zahllosen anderen Schreinen, an
denen Reliquien verwahrt wurden. Sie beteten dort und
erhofften sich Wunder und Heilungen, oder zumindest
eine besonders starke, trostvolle Nähe der jenseitigen Welt
und Gefährten.

Beliebte Heiligenschreine waren natürlich auch für die
Händler und die Kirche vor Ort als Einkommensquelle inte-
ressant; aber es wäre völlig falsch, wollte man darin den
einzigen Grund sehen, warum die Stadtväter von Assisi
Franziskus unbedingt in ihren Mauern bestattet haben
wollten. Dahinter stand durchaus auch ihr gläubiges Anliegen, einen besonders starken Fürsprecher für Zeit und
Ewigkeit zu haben.

an denen sie vorbeikämen: „Wir beten Dich an, heiliger Herr Jesus Christus, hier und in allen Deinen Kirchen auf der ganzen Welt und preisen Dich, denn durch Dein heiliges Kreuz hast du die Welt erlöst."

In einem ausführlichen Abschnitt spricht er von der Treue zur katholischen Kirche und der Ehrfurcht vor ihren Priestern; weil sie als Geweihte des Herrn der Welt Christus brächten, müsse man sie auch dann achten, wenn ihr Lebensstil fragwürdig sei. Tatsächlich begegnete der Orden in Teilen der Christenheit noch feindseliger Ablehnung, und umgekehrt zog er auch Leute an, die von der Kirche angewidert waren und einen reineren Weg zur Heiligkeit suchten. Aus diesen und anderen Gründen sollten schon ein Jahrhundert später einige Franziskaner in große Schwierigkeiten mit der Kirche kommen; einzelne wurden sogar als Häretiker exkommuniziert und verbrannt. Franziskus ahnte zweifellos, dass die Saat der Entfremdung bereits gestreut war. So schärfte er seinen Jüngern ein: „Wir müssen alle Theologen und alle, die uns die heiligsten Worte Gottes vortragen, hochachten als solche, die uns Geist und Leben spenden."

Hierauf folgt eine ganze Reihe von konkreten Angaben zur Armutspraxis, die wie eine Ermahnung wirken. Die ersten Brüder „waren zufrieden mit einer Kutte, die innen und außen geflickt war, mit einem Strick und den Hosen. Und mehr wollten wir nicht haben … Und ich arbeitete mit meinen Händen und will weiterhin arbeiten. Und ich will ausdrücklich, dass alle Brüder sich einer ehrbaren Arbeit widmen."

Zwar war er selbst damit einverstanden gewesen, dass manche Brüder sich anderen Aktivitäten widmeten, etwa dem Studium, aber Franziskus war in Sorge, das

„Wer sind diese Leute? Sie haben mir und meinen Brüdern entrissen, woran wir glaubten!"

FRANZISKUS NACH EINER SCHWEREN ERKRANKUNG GEGEN ENDE SEINES LEBENS, AUS DER *COMPILATIO ASSISIENSIS* (1244–1260)

Der Franziskanertheologe Johannes Duns Scotus. Porträt von Joos van Gent.

*„Franziskus
sah, wie viele in
hohe Ämter
drängten.
Durch sein Bei-
spiel versuchte
er sie von dieser
Krankheit zu
bekehren."*

THOMAS VON
CELANO, *LEBEN DES
HL. FRANZISKUS*,
1228–1229

werde entgleisen. Tatsächlich sollte der Orden schon in der folgenden Generation Männer hervorbringen, die weniger wegen ihrer Armut, Demut und christusähnlichen Dienstbereitschaft bekannt wurden, sondern für ihre großartige Bildung. Das waren zum Beispiel Alexander von Hales, *doctor irrefragabilis* (der „unwiderlegbare Lehrer"); Bonaventura, *doctor seraphicus* (der „seraphische Lehrer"); Roger Bacon, *doctor mirabilis* (der „bewundernswerte Lehrer"); Ockham, *doctor invincibilis* (der „unbesiegbare Lehrer") und Duns Scotus, der berühmte Rivale des Thomas von Aquin.

Sodann geht er in direkte Ermahnungen über: „Die Brüder sollen sich hüten, in keiner Weise Kirchen oder armselige Wohnungen oder irgendwelche für sie errichtete Gebäude anzunehmen, wenn sie nicht der heiligen Armut entsprechen, die wir in der Regel gelobt haben." Tatsächlich hatte der Orden bereits Kirchen und Wohnstätten angenommen, was Franziskus schließlich stillschweigend geduldet hatte. Jetzt widerruft er seine frühere Toleranz.

Zudem, fährt er fort, „befehle ich allen Brüdern streng kraft des Gehorsams, wo sie auch sind, dass sie es nicht wagen sollen, irgendeinen Schutzbrief bei der römischen Kurie zu erbitten, … weder für eine Kirche noch für irgendeinen anderen Ort, weder unter dem Vorwand der Predigt noch wegen leiblicher Verfolgung."

Außerdem sollten die Brüder „die Tagzeiten nach der Vorschrift der Regel beten". Solche, die das nicht tun, solle man aufgreifen und dem Protektor des Ordens vorführen.

Franziskus schreibt zwar, die Brüder sollten nicht sagen: „Das ist eine andere Regel", bestimmt aber zugleich: „Der Generalminister und alle anderen Minister und Kustoden sollen im Gehorsam verpflichtet sein, an diesen Worten weder Zusätze noch Abstriche vorzunehmen. Und allezeit sollen sie dieses Schreiben neben der Regel bei sich haben." Mit anderen Worten, das *Testament* sollte der Schlüssel für die Auslegung der Regel

sein. „Allen meinen Brüdern, den Klerikern und den
Laien, befehle ich streng im Gehorsam, dass sie keine
Erklärungen zur Regel oder zu diesen Worten anfügen
und sagen: ‚So sollen sie verstanden werden.'"

Das zeigt deutlich, dass Franziskus den Eindruck
hatte, der Orden weiche seine Ideale auf und seine Vision gehe verloren. Zudem wird er zweifellos gespürt
haben, dass man nicht mehr auf ihn hörte. Darauf weisen seine mehrmaligen Formulierungen hin, er befehle
ihnen dies ausdrücklich kraft des Gehorsams (den er, da
längst nicht mehr Leiter des Ordens, gar nicht einfor-
dern konnte). Es war ein verzweifelter Versuch, mit dem
ganzen Gewicht seiner Persönlichkeit die Brüder noch
einmal auf die Konformität mit seinen Idealen einzuschwören. Aber vergeblich. Der Orden konnte einfach
nicht ohne seine Gegenwart Franziskus' reine Vision
durchhalten. Dem durchschnittlichen Bruder war es
schlicht nicht möglich, Tag für Tag derart streng und intensiv zu leben, wie Franziskus es verlangte.

Franziskus wusste im Grunde, dass sein *Testament*
nicht viel half. Denn ungefähr zur selben Zeit erzählte
er eine Geschichte, mit der er veranschaulichte, wie
seine Ideale und er selbst im Orden nicht mehr willkom-
men waren. Zugleich schilderte er in ihr, dass ihm mit
seinem Ideal äußerster Selbstverleugnung gerade aus
dieser Ablehnung eine paradoxe neue Art von Freude er-
wachse. Die ausführlichere Fassung in den *Fioretti* gibt
ein Manuskript aus dem 14. Jahrhundert in etwas knap-
perer Form so wieder:

Eines Tages rief Franziskus Bruder Leo zu sich und
sagte: „Bruder Leo, schreibe dies auf."
Der erwiderte: „Ich bin bereit."
„Schreibe auf, was die wahre Freude ist. Ein Bote
kommt und berichtet, dass alle Magister der Theologie
in Paris in den Orden eingetreten sind. Schreibe auf: Das
ist nicht die wahre Freude. Oder alle Prälaten jenseits
der Berge, Erzbischöfe und Bischöfe, oder der König von

Eine stark stili-
sierte und symbo-
lisierte Darstel-
lung des Todes
und der Himmel-
fahrt von Franzis-
kus, von Giotto di
Bondone: Engel
tragen ihn in den
Himmel, auf der
Erde beweinen
Brüder seinen
Leichnam.

Frankreich und der König von England sind eingetreten – schreibe: Das ist nicht die wahre Freude. Oder dass meine Brüder zu den Ungläubigen gegangen sind und sie alle zum Glauben bekehrt haben; oder dass ich so große Gnade von Gott habe, dass ich alle Kranken heilen und viele Wunder wirken kann. Ich sage euch allen: Die wahre Freude ist nicht in all diesen Dingen."

„Aber was ist dann die wahre Freude?"

„Angenommen, ich kehre von Perugia heim und ich komme hierher, und es ist Nacht und stockfinster. Es ist Winter und nass und schmutzig und so kalt, dass der Rand meines Kleids mit Eiszapfen besetzt ist, die mir die Beine blutig schlagen, sodass Blut herausfließt. Und ich trete ans Tor, ganz mit Schmutz und Kälte und Eis übersät, und nachdem ich lange geklopft und gerufen habe, kommt ein Bruder und fragt: ‚Wer bist du?'

Ich antworte: „Ich bin Bruder Franziskus.'

Und er sagt: ‚Scher dich fort. Du kommst zur Unzeit. Du kannst nicht hereinkommen.'

Und als ich weiter bitte, entgegnet er: ‚Fort mit dir. Du bist ein einfältiger, ungebildeter Kerl. Bleibe ab jetzt nicht mehr bei uns. Wir sind so viele und so bedeutend, dass wir dich nicht brauchen.'

Aber ich stehe vor dem Tor und sage: ‚Um der Liebe Gottes willen, lasst mich heute Nacht herein.'

Und er gibt zur Antwort: ‚Nein, das tue ich nicht. Geh ins Aussätzigenheim und frage dort.'

Ich sage dir: Falls ich dann geduldig bleibe und mich nicht aufrege – das ist die wahre Freude und die wahre Tugend und die Erlösung der Seele."

Trotz des Umstands, dass sein Orden zu sagen schien: „Wir brauchen dich nicht", starb Franziskus also in Freude. Am Schluss war es tatsächlich gerade diese Freude, an der seine Brüder weiteren Anstoß nahmen.

Im Spätsommer 1226 hatte man ihn nach Assisi in den Bischofspalast gebracht, und als er heftige Schmerzanfälle bekam, bat er die Brüder, ihm Tag und Nacht den „Sonnengesang" vorzusingen. Als unter anderen Elias davon erfuhr, schalt er ihn, das sei ungeziemend und bringe ihn ins Gerede. Ein Mensch im Ruf der Heiligkeit solle sich etwas ernster und feierlicher auf seinen Tod vorbereiten. Aber Franziskus bat ihn, ihm das zu gönnen: „Denn dank der Gnade und des Beistands des Heili-

Giotto di Bondone: *Klara verehrt die Stigmata des Franziskus auf dem Totenbett*.

gen Geistes bin ich derart mit meinem Herrn verbunden und vereint, dass ich mich zu Recht ihn ihm, dem Allerhöchsten, freue." Um diese Zeit fügte er dem „Sonnengesang" auch noch die letzte Strophe hinzu, diejenige von der „Schwester Tod".

Als er merkte, dass sein Sterben unmittelbar bevorstand, wünschte er, nach Portiunkula gebracht zu werden. Auf halber Höhe des Abhangs von Assisi herunter bat er die Träger, anzuhalten, damit er seine Heimatstadt noch einmal segnen könne. Sodann wurde er in einer Hütte wenige Meter neben der Kirche der Heiligen Maria von den Engeln untergebracht. Zu Ehren der Frau Armut wollte er nackt auf dem Boden liegend sterben, aber seine Brüder überredeten ihn, in seinem Bett zu bleiben. Er versöhnte sich mit allen und segnete sie, hörte Abschnitten aus dem Johannesevangelium zu, die man ihm vorlas und ließ sich noch einmal den „Sonnengesang" vorsingen.

Schließlich, am 3. Oktober 1226, so schreibt Thomas von Celano, „wurde die hochheilige Seele vom Fleisch befreit und in den Abgrund des Lichts aufgenommen und seine Körper entschlief im Herrn".

Ein Bruder meinte, er sehe Franziskus' Seele zum Himmel steigen, „wie ein Stern, aber so groß wie der Mond und mit dem Glanz der Sonne, und sie wurde auf einer kleinen weißen Wolke getragen." Andere berichteten später, ein großer Schwarm Vögel sei auf die Hütte herabgeflogen und habe „mit ungewöhnlicher Freude" gezwitschert.

„Nackt hatte er zu Beginn seiner Bekehrung vor dem Bischof gestanden. Nackt wollte er diese Welt verlassen."

BONAVENTURA,
*LEGENDA MAIOR
S. FRANCISCI*,
1260–1263

13. KAPITEL

Zeitgenosse Franziskus?

Vorige Seiten:
**Die Basilika San
Francesco in
Assisi – eine
widersprüchliche
Art, den „kleinen
armen Mann" zu
ehren.**

Im folgenden Frühjahr wurde Kardinal Hugolin, Franziskus' langjähriger Mentor, Papst Gregor IX. Er trieb sofort dessen Heiligsprechungsprozess voran, sodass er bereits 1228, zwei Jahre nach seinem Tod, heiliggesprochen wurde. Seine Gebeine wurden von der Kir-

Bestattung im Mittelalter

In Europa gab es vor dem Christentum eine Vielzahl von Bestattungsbräuchen. Bei den Jüten war wie bei den Römern vor ihnen die Erdbestattung üblich, bei den Angeln, Sachsen und Skandinaviern die Verbrennung. Die Christen kehrten zur Erdbestattung zurück, weil sie an die Auferstehung des Leibes glaubten.

Nur Reiche konnten sich kunstvolle Steinsärge leisten, aber gegen Ende des Mittelalters waren Holzsärge für alle Schichten die Regel.

Da man bei Franziskus' Tod wusste, dass er bald heiliggesprochen werde, war die Versuchung fast unwiderstehlich, sein Grab zu plündern und seine Knochen zu stehlen. So ließen Elias und Papst Gregor seine letzte Ruhestätte tief unter der Franziskusbasilika anlegen – unter einer Schicht Granit und Kies und zehn schmiedeeisernen Bändern, einem 86 Kilogramm schweren Gitter und darüber einem 91 Kilogramm schweren Felsen. Das hielt. Sein Sarg wurde erst zu Anfang des 19. Jahrhunderts entdeckt und geöffnet.

che San Giorgio in die unter Leitung von Bruder Elias
neu erbaute Basilika San Francesco in Assisi übertragen.
Viele, namentlich im Orden, empfanden das riesige,
reich ausgeschmückte Bauwerk als völlig unangemessen,
ja als krassen Widerspruch zu dem, wofür Franziskus gestanden hatte. Andere dagegen empfanden es als würdige Gedenkstätte ihres Ordensgründers und nahmen
auch nicht Anstoß, als der Papst dieser Basilika (und
nicht dem schlichten Kirchlein von Portiunkula) den
Titel „Haupt und Mutter" des Ordens verlieh.

Diese Entwicklungen verbreiterten den Riss, den
Franziskus vorausgesehen hatte. Sein *Testament* war der
Versuch gewesen, die Brüder wieder auf die strenge
Armut einzuschwören. Der neue Generalminister Johan-

Mittelalterlicher
Leichenzug, aus
einem französi-
schen Manuskript
des 16. Jh.

nes Parenti versuchte, diesem Anliegen des Verstorbenen
zu entsprechen und stellte bei Papst Gregor den Antrag,
das *Testament* als für den Orden verbindlich zu erklären.
Aber der Papst hielt das nicht für zukunftsträchtig. Seiner Ansicht nach hätte dies die weitere Ausdehnung und
Stabilität des Ordens verhindert. So bestimmte er, dass

Die majestätisch
aufragende
Kathedrale von
Chartres.

die gemäßigte Regel von 1223 verpflichtend sei. Zudem erklärte er, künftig könne für Zwecke des Ordens Geld angenommen werden; die Brüder dürften Bücher und andere persönliche Gegenstände haben. Außerdem sollte ihnen gestattet sein, große und bleibende Gebäude zu verwenden und darin zu wohnen.

Die mittelalterliche Kathedrale

Zur Zeit des Franziskus entfaltete sich die Architektur der Gotik in gewaltigen Bauwerken. Die Franziskusbasilika in Assisi wurde von den damaligen Kathedralen inspiriert, war aber nicht so groß angelegt.

Die Ausmaße dieser Gebäude trieben die mittelalterliche Baukunst an ihre äußersten Grenzen. Man brauchte ungeheure Mengen Material. In Frankreich wurden für solche Projekte ganze Wälder abgeholzt. Man importierte aus Skandinavien 18 Meter lange Balken. Die Steine für die Kathedrale in Norwich in England wurden mit Schiffen aus 483 Kilometern Entfernung herbeigeschafft.

Für das Bauen erfand man neue Maschinen. Zum Heben großer gemeißelter Steine bis über die Dächer hinaus wurden Kräne, Seilwinden sowie ein Windenrad verwendet, das so groß war, dass zwei Männer darin Platz fanden und es treten konnten.

Dazu kam unermesslich viel Kleinarbeit. Manche Glasfenster waren 18 Meter hoch, wurden jedoch aus lauter Stückchen zusammengesetzt, die nicht größer als 20 Zentimeter waren. Dazu kamen oft noch Hunderte von Skulpturen; in Chartres sind es heute noch rund zweitausend.

Außerdem brauchte man unendlich viel Geduld. Manche Kathedralen hatten eine Bauzeit von über hundert Jahren. Trotz dieser architektonischen und finanziellen Herausforderung entstanden in Europa binnen 400 Jahren rund 500 Kathedralen.

*„Ich habe das
Meine getan.
Christus lehre
euch, was ihr
tun sollt."*

FRANZISKUS AUF
DEM STERBEBETT
ZU SEINEN
BRÜDERN

*Seite gegenüber:
Die
Heiligsprechung
von Franziskus.*
Altarblatt in der
Bardi-Kapelle in
Santa Croce,
Florenz; Bonaven-
tura Berlinghieri
zugeschrieben.

*„Wenn man sich
heute aus dem
Wunsch, ganz
nach dem Evan-
gelium zu leben,
spontan in der
Welt einsetzt, ist
das weithin
dem Wirken
von Franziskus
zu verdanken."*

CONRAD HAWKINS
OFM, ST BONAVEN-
TURE UNIVERSITY,
NEW YORK,
*CHRISTIAN HISTORY
MAGAZINE* 1994

Spaltungen unter den Franziskanern

Die anschließende Geschichte des Ordens ist komplex und bitter. Die Kluft zwischen den Vertretern strikter Armut – bald als „Spiritualen" bezeichnet – und den Gemäßigteren riss weiter auf. 1317 waren die Spiritualen für die kirchlichen Autoritäten derart anstößig geworden, dass sie als Häretiker exkommuniziert wurden. Manche wurde eingesperrt und auf dem Scheiterhaufen verbrannt.

Das löste nicht das franziskanische Dilemma: Wie können gewöhnliche Sterbliche das Ordensideal eines außergewöhnlichen Heiligen in der Praxis aufrechterhalten? In den 1330er Jahren begannen einige Brüder südlich von Assisi nach einer „strengeren Observanz" der Regel zu leben. Sie vermieden weithin die extreme Rhetorik der Spiritualen und konnten 1415 die Approbation durch den Papst erlangen. 1443 erhielten sie ihren eigenen Generalminister; 1517 wurden sie vom Hauptorden (den „Konventualen") getrennt und als die „Observanten" bezeichnet. Sie durften sich „Minderbrüder" nennen. Ihre Nachfahren sind die heutigen Franziskaner.

Aber 1525 begannen einige Observanten wiederum ihre Ordenszucht als unzulänglich zu betrachten. Ein Minderbruder aus der Mark Ancona, Matthäus de Bassi, trat an die Spitze der Bewegung derer, die die Regel buchstäblicher verwirklichen wollten. 1529 gestattete der Papst auch ihnen, ein eigenständiger Orden zu werden. Sie betonten den eremitischen und kontemplativen Zug der franziskanischen Tradition und wurden „Kapuziner" genannt.

Heute stellen diese drei Orden miteinander die zahlenmäßig größte Ordensgemeinschaft der katholischen Kirche dar. Hinzu kommen der Orden der Klarissen, die Franziskanerorden der (anglikanischen) Episkopalkirche und franziskanische Gemeinschaften von Weltchristen in vielen Konfessionen. Zahlenmäßig ist dies alles nicht überwältigend – es sind insgesamt etliche zehntausend Menschen, und manche Pfingstgemeinden in

Korea und Brasilien sind größer. Aber Zahlen sind nicht alles. Franziskus' Einfluss geht immer noch weit über seine formellen Anhänger hinaus.

Leider bezieht sich dieser Einfluss auf einige wenige Aspekte. Für das größere Publikum ist Franziskus der „Bruder Immerfroh" und Tierfreund oder, etwas seriöser, der Patron von Friedens- und Umweltgruppen. Sehr

wenige Menschen zeigen heute Interesse für den tiefen persönlichen Glauben des Franziskus, für seine Berufung zu strikter Armut oder seine kompromisslose Treue zur katholischen Kirche. Ja viele Katholiken in den Friedens- und Umweltbewegungen, die sich gern auf Franziskus als ihr Vorbild berufen, sind stolz auf ihren Aufstand gegen die etablierte Kirche und kennen für die Hierarchie nur Verachtung – was ihr Patron absolut nicht billigen würde.

Diese selektive Bewunderung wird von der Beliebtheit zweier Texte verstärkt, von denen man allgemein glaubt, dass sie am besten das Leben und Denken des Franziskus zusammenfassen. Leider wird in beiden der

„Hinter dem romantischen Franziskus-Klischee entdeckt man einen bis ins Rätselhafte komplexen Menschen."

LAWRENCE CUNNINGHAM, *ST FRANCIS OF ASSISI*, 1981

wirkliche Franziskus nur einseitig dargestellt. Der erste Text ist sein „Sonnengesang". In diesem Fall ist die starke Neigung heutiger Leser auffallend, die Eröffnungsstrophe wegzulassen:

Höchster, allmächtiger, gütiger Herr,
Dein sind der Lobpreis, die Herrlichkeit, die Ehre und
jegliche Segnung.
Dir allein, Höchster, gebühren sie,
und kein Mensch ist würdig, Deinen Namen zu nennen.

Ein Mann auf der Straße verehrt Franziskus, von Giotto di Bondone.

Zudem bleiben sie für die durchgängige Nennung Gottes im Text taub. Mit anderen Worten: Für sie ist dieses Gedicht eine Ode an die Wunder der Natur. Damit wird Franziskus für sie zum bloßen Minnesänger der Umwelt, und dies trotz der ganz klaren Absicht des Gedichts, nicht die Schöpfung, sondern Gott zu verherrlichen.

Der zweite Text, der sich seit dem 20. Jahrhundert großer Beliebtheit erfreut, lautet so:

O Herr, mach mich zum Werkzeug deines Friedens,
dass ich Liebe übe, wo man sich hasst,
dass ich verzeihe, wo man sich beleidigt,
dass ich verbinde, da, wo Streit ist,
dass ich die Wahrheit sage, wo der Irrtum herrscht,
dass ich den Glauben bringe, wo der Zweifel drückt,
dass ich die Hoffnung wecke, wo Verzweiflung quält,
dass ich ein Licht anzünde, wo die Finsternis regiert,
dass ich Freude mache, wo der Kummer wohnt.

Herr, lass mich trachten:
nicht, dass ich getröstet werde, sondern dass ich tröste;
nicht, dass ich verstanden werde, sondern dass ich verstehe;
nicht, dass ich geliebt werde, sondern dass ich liebe.
Denn wer da hingibt, der empfängt;
wer sich selbst vergisst, der findet;
wer verzeiht, dem wird verziehen;
und wer stirbt, erwacht zum ewigen Leben.

Meistens wird dieser Text Franziskus zugeschrieben. Das ist aber falsch. Er bringt zwar gut etliche der Grundhaltungen von Franziskus zum Ausdruck, aber Franziskus hat sie in dieser Form nie geäußert. Soweit bekannt, tauchte dieses Gebet erstmals 1925 auf einem katholischen eucharistischen Kongress in Chicago auf. Folglich kommen wir zum traurigen Schluss, dass der Franziskus,

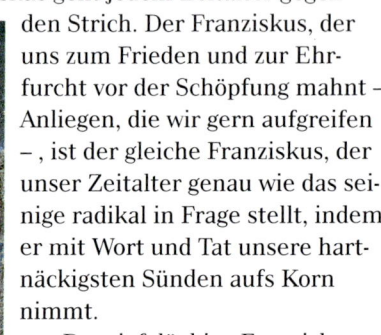

der heute in der Erinnerung fortlebt und verehrt wird, nicht der Franziskus ist, der im 13. Jahrhundert über die Straßen Umbriens wanderte. Aber das überrascht nicht. Der wirkliche Franziskus geht jedem Zeitalter gegen den Strich. Der Franziskus, der uns zum Frieden und zur Ehrfurcht vor der Schöpfung mahnt – Anliegen, die wir gern aufgreifen –, ist der gleiche Franziskus, der unser Zeitalter genau wie das seinige radikal in Frage stellt, indem er mit Wort und Tat unsere hartnäckigsten Sünden aufs Korn nimmt.

Der tiefgläubige Franziskus, der so von Gott trunken war, dass dies alles, was er tat und sagte, beherrschte, steht quer zu einer säkularen Welt, in der das Sprechen über Gott peinlich oder strikt privatisiert ist. Eine materialistische Welt, in der Sinn und Inhalt des Lebens daran gemessen werden, was man alles kaufen und erleben kann, ruft der barfüßige, in Lumpen gekleidete Bettler Franziskus zur Einfachheit und inneren Freiheit vom Haben auf. Für eine Welt, in der ein hemmungsloser Individualismus herrscht und eine schier unüberwindliche Scheu, sich irgendjemand anderem als dem eigenen Ich unterzuordnen, hat Franziskus die Botschaft eines Lebens in vollkommenem Gehorsam gegenüber einem, der größer ist als unser kleines Ich.

Bei näherem Hinsehen erkennen wir überraschend Franziskus als besonderen Zeitgenossen: Er würde uns heute das Gleiche beibringen wollen, was er den Menschen seiner Zeit beizubringen versuchte: tiefe Dankbarkeit und Demut gegenüber Gott, unserer Welt und sogar den unvollkommenen Institutionen, die uns genährt haben. Und so bleibt am Schluss zu sagen: Auch wenn unsere heutige Welt viele Ideale des Franziskus als längst überholt abtun möchte, ist es doch gerade der mittelalterliche Franziskus, der unserer heutigen Welt einen alternativen Weg aufzeigen könnte.

Seite gegenüber: Franziskus aus der *Maestà* von Giovanni Cimabue in der Franziskusbasilika in Assisi. Dieses Porträt gilt als die getreueste Abbildung des Heiligen.

Zeittafel

Sommer oder Herbst 1181: in Assisi Geburt und Taufe des Giovanni di Pietro di Bernardone. Der Vater gibt dem Kind den Kosenamen *Francesco*.

1190: Franziskus besucht die Pfarreischule von San Giorgio.

1193: Geburt von Chiara di Favarone (Klara) als Kind einer Adelsfamilie in Assisi.

1199–1200: Bürgerkrieg in Assisi; Zerstörung von Burgtürmen feudaler Adliger. Einige Familien (darunter diejenige Klaras) ziehen nach Perugia weg.

November 1202: Krieg zwischen Perugia und Assisi. Assisi wird in der Schlacht von Collestrada besiegt. Franziskus verbringt ein Jahr in Perugia im Gefängnis, bis ihn sein Vater freikauft.

1204: Franziskus gesundet langsam von der Krankheit, die er sich im Gefängnis zugezogen hat.

Frühjahr 1205: Franziskus zieht nach Apulien in den Krieg, kehrt aber bereits am folgenden Tag zurück, weil ihm in Spoleto eine Vision zuteil wurde. Das ist der Beginn seiner stufenweisen Bekehrung.

Herbst bis Winter 1205: Franziskus empfängt vom Kreuz in San Damiano eine Botschaft. Seine Mitbürger in Assisi verspotten ihn. Er betet und meditiert in Höhlen draußen auf dem Land.

Januar oder Februar 1206: Der Konflikt zwischen Franziskus und seinem Vater endet mit einer Gerichtsverhandlung vor Bischof Guido.

Frühjahr 1206: Franziskus pflegt in Gubbio Aussätzige. Von Sommer bis Winter stellt er San Damiano, San Pietro und das Portiunkula-Kirchlein wieder her.

24. Februar 1208: Franziskus wird in der Messe am Fest des heiligen Matthias vom Text des Evangeliums getroffen. Er tauscht sein Einsiedlergewand gegen das eines barfüßigen Predigers und beginnt zu predigen.

Frühjahr 1208: Bernhard, Petrus von Catania und Ägidius schließen sich in Portiunkula Franziskus an; sie begeben sich auf ihre erste Predigtreise. Gegen Ende des Jahres kommen weitere vier Brüder hinzu.

Anfang 1209: Als die Gruppe von einer weiteren Predigtreise zurückkehrt, schließen sich ihr noch einmal vier Brüder an, was (einschließlich Franziskus) zwölf ergibt.

Frühjahr 1209: Franziskus schreibt eine kurze Regel und holt sich von Papst Innozenz III. in Rom eine informelle Billigung seiner neuen Ordensgemeinschaft ein. Nach ihrer Rückkehr bleiben die Brüder kurz in Rivo Torto.

1209/10: Die Brüder ziehen nach Portiunkula um.

Nacht vom 18. auf 19. März 1212 (Palmsonntag): Franziskus nimmt in Portiunkula Klara auf; sie zieht im Mai nach San Damiano.

1213: Franziskus erhält den Berg Alverna geschenkt, den er als Einsiedelei verwendet.

1213–14 oder 1214–15: Franziskus reist nach Spanien und zurück.

November 1215: Franziskus ist zum Vierten Laterankonzil in Rom. Er begegnet Dominikus.

Sommer 1216: Nach dem Tod Innozenz' III. wird als neuer Papst Honorius III. gewählt. Dieser gewährt Franziskus den Portiunkula-Ablass.

5. Mai 1217: In Portiunkula kommen fünftausend Brüder zum Pfingstkapitel zusammen. Die Franziskaner begeben sich auf ihre ersten Predigtreisen nach Deutschland, Tunis und Syrien.

1219: Nach dem Generalkapitel beginnt eine weitere Übersee-Mission. Franziskus reist mit dem Schiff von Ancona nach Akko und Damiette. Er überschreitet die Frontlinie der Kreuzfahrer, um dem muslimischen Sultan eine Predigt zu halten.

1220: In Marokko sterben die ersten Franziskaner als Märtyrer. Franziskus begibt sich nach Akko und ins Heilige Land. Kardinal Hugolin wird zum Protektor des Ordens ernannt.

1220: Franziskus tritt als Oberhaupt des Ordens zurück. Er ernennt Petrus Cathanii zum Ordensvikar.

1221: Nach dem Tod von Petrus von Catania wird Elias Vikar. Honorius III. approbiert die Regel des Dritten Ordens.

1221–22: Franziskus begibt sich auf eine Predigtreise nach Süditalien.

15. August 1222: Franziskus predigt in Bologna.

Anfang 1223: Franziskus verfasst die Zweite Regel. Sie wird im Juni auf dem Generalkapitel besprochen. Papst Honorius III. approbiert sie im November.

24.–25. Dezember 1223: Franziskus hält in der Heiligen Nacht in Greccio eine Krippenfeier.

15. August – 29. September 1224: Franziskus fastet auf dem Alverna und empfängt die Wundmale.

Dezember 1224 – Februar 1225: Franziskus ist so geschwächt, dass er für eine Predigtreise durch Umbrien und die Marken auf einem Esel reiten muss.

Anfang 1225: Infolge einer Augenerkrankung fast blind, wird Franziskus in San Damiano von Klara gepflegt. Franziskus verfasst den „Sonnengesang". Er schlichtet eine Fehde zwischen Bischof und *podestà* von Assisi.

Sommer 1225 bis Sommer 1226: Franziskus begibt sich wieder auf Reise. Er wird mehrmals wegen seiner verschiedenen Krankheiten behandelt, aber erfolglos.

September 1226: Im Wissen um seinen baldigen Tod besteht Franziskus darauf, nach Portiunkula gebracht zu werden. Er stirbt am 3. Oktober und wird tags darauf in der Kirche San Giorgio beigesetzt.

19. März 1227: Sein Freund Hugolin wird Papst Gregor IX.

16. Juli 1228: Gregor IX. spricht Franziskus heilig.

25. Mai 1230: Franziskus' Gebeine werden in die neue Basilika San Francesco in Assisi umgebettet.

Diese Zeittafel verdankt sich vor allem den Angaben in: Omer Englebert, *St Francis of Assisi: A Biography*, Franciscan Herald Press 1965, 393–396, und Joanne Schatzlein, „Francis of Assisi 1181–1226: The Christian History Timeline" in *Christian History*, Issue 21, No. 2, spring 1994, 26–27.)

Weitere Literatur

Primärquellen

Hardick, Lothar u. Grau, Engelbert (Hg.), *Die Schriften des heiligen Franziskus von Assisi*, Kevelaer 2001.

Grau, Engelbert (Hg.), *Thomas von Celano. Leben und Wunder des heiligen Franziskus von Assisi*, Kevelaer 2001.

Grau, Engelbert (Hg.), *Die Dreigefährtenlegende des heiligen Franziskus von Assisi* (von Bruder Leo, Rufin und Angelus) *und Anonymus Perusinus*, Werl 1993.

Das Leben des heiligen Franz von Assisi nach der Legenda maior des Bonaventura, Freiburg i. Br. 1988.

Die Fioretti. Legenden über Franziskus und seine Gefährten, eingel. u. in der Übersetzung bearb. v. Johannes Schneider, Kevelaer 2002.

Grau, Engelbert u. Schlosser, Marianne, *Leben und Schriften der heiligen Klara von Assisi*, Kevelaer 2001.

Biografien

Dieterich, Veit-Jakobus, *Franz von Assisi*, Reinbek 1995 (Rowohlts Monografien).

Hofer, Markus, *Francesco, der Mann des Jahrtausends. Die historische Gestalt des Franz von Assisi*, Innsbruck 2000.

Le Goff, Jacques, *Franz von Assisi*, Stuttgart 2007.

Mueller, Joan, *Franziskus*, Augsburg 2000.

Interpretierende Franziskus-Darstellungen

Bobin, Christian, *Das Kind, der Engel und der Hund. Ein Roman über Franz von Assisi*, Freiburg i. Br. 1995.

Bodo, Murray, *Der Traum des Franziskus*, Kevelaer 2002.

De Wohl, Louis, *Der fröhliche Bettler*, Wuppertal 1997.

Green, Julien, *Bruder Franz*, Freiburg i. Br. 1995.

Holl, Adolf, *Der letzte Christ. Franz von Assisi*, Stuttgart 1979.

Katzanzakis, Nikos, *Mein Franz von Assisi*, Frankfurt-Berlin 1990.

O'Dell, Scott, *Das Feuer von Assisi*, Zürich-Köln 1986.

Rinser, Luise, *Bruder Feuer*, Frankfurt a. M. 2000.

Rotzetter, Anton, *Klara und Franziskus. Bilder einer Freundschaft*, Kevelaer 1999.

Allgemein über das Mittelalter

Angenendt, Arnold, *Geschichte der Religiosität im Mittelalter*, Darmstadt 2000.

Borst, Otto, *Alltagsleben im Mittelalter*, Frankfurt a. M. 1983.

Bredero, Adriaan H., *Christenheit und Christentum im Mittelalter*, Stuttgart 1998.

Evans, G.R., *Die christliche Welt im Mittelalter*, Freiburg i. Br. 2007.

Werner, Ernst u. Erbstößer, Martin, *Kleriker, Mönche, Ketzer. Das religiöse Leben im Hochmittelalter*, Freiburg i. Br. 1994.

*Zusammenstellung:
Bernardin Schellenberger*

Register

Bild- und Textnachweis

Bilder

Bildrecherchen durch Zooid Pictures Limited.

AKG London: Seiten 1 (S. Domingie), 4 (Stefan Diller), 6–7 (Schütze/Rodemann), 16–17 (British Library), 21, 22–23 (British Library), 29 (British Library), 46 (Stefan Diller), 49 (Stefan Diller), 60, 62–63, 72–73 (Erich Lessing), 76 (Chantilly. Musée Condé), 86–87, 88 (Stefan Diller), 109 (Stefan Diller), 116 (S. Domingie), 122–123 (VISIOARS), 127 (Stefan Diller), 132 (Stefan Diller), 138 (Erich Lessing), 152, 157, 163 (British Library), 172–173 (Stefan Diller), 175, 179 (Stefan Diller), 182.

Bridgeman Art Library: Seiten 98–99 (British Library).

Corbis UK Ltd: Seiten 2 (Elio Ciol), 12 (Gustavo Tomsich), 18 (Austrian Archives), 26 (National Gallery Collection; mit freundlicher Erlaubnis der Trustees of the National Gallery, London), 34 (Gianni Dagli Orti), 36–37 (Elio Ciol), 42–43 (Elio Ciol), 55 (Archivo Iconografico, S.A.), 58 (Jay Syverson), 74–75 (Mark L. Stephenson), 80–81 (Elio Ciol), 112 (Gianni Dagli Orti), 136 (Archivo Iconografico, S.A.), 145 (Arte & Immagini SRL), 148–149 (Elio Ciol), 154 (National Gallery Collection; mit freundlicher Erlaubnis der Trustees of the National Gallery, London), 165 (Gianni Dagli Orti), 168–169 (Elio Ciol), 170 (Elio Ciol), 176–177 (Craig Aurness), 180 (Elio Ciol).

Mary Evans Picture Library: S. 53.

Scala: Seiten 38, 56, 160.

Werner Forman Archive: S. 164.

Derek West: Karten auf Seiten 10–11, 44–45, 64.

Texte

Bibeltexte sind in der Regel wiedergegeben nach

Die Bibel. Die Heilige Schrift des Alten und Neuen Bundes. Vollständige deutsche Ausgabe

© Verlag Herder Freiburg im Breisgau 2005

Die Zitate aus den Schriften von Franziskus und seiner Biografen sind für die vorliegende Ausgabe neu ins Deutsche übersetzt worden.